SHÍYÒNG HÀNYǓ XIĚZUÒ JÌNJIĒ

实用汉语写作进阶

Practical Chinese Writing

（高级）

(Senior)

华文盛世 编著

外文出版社
FOREIGN LANGUAGES PRESS

First Edition 2011

ISBN 978-7-119-06861-9

Published by Foreign Languages Press Co. Ltd
24 Baiwanzhuang Road, Beijing 100037, China
http://www.flp.com.cn E-mail: flp@cipg.org.cn
Distributed by China International Book Trading Corporation
35 Chegongzhuang Xilu, Beijing 100044, China
P.O. Box 399, Beijing, China
Printed in the People's Republic of China

编写说明

为适应对外汉语写作教学的新特点，本册教材在编写过程中，突出了对外汉语写作教材的趣味性、可读性、简明性、可操作性等特点，旨在切实提升学生的汉语写作能力。本教材每篇课文分为"要点提示""例文指路""结构模板""练习"几个部分，全书体例统一，结构简明，易教、易学。

"要点提示"部分明确该课学习的目的和重点，做到目标明确、重点突出、难易适中。

"例文指路"部分所选例文涵盖了现代汉语的常用体裁，学生在日常生活、学习、工作中会经常用到，因此学生在学习这些篇章时会感到具有现实针对性和可操作性。所选篇章篇幅适中，语言较规范，浅显易读。在例文的注释中，编者对每种现代汉语写作体裁的用途，以及结构中每部分的具体写法、写作内容、语言特点、惯用语等方面，都作了详细说明，通过学习学生能轻松地把握日常生活中各种文体的写法。

"结构模板"部分，对所选例文的结构、格式作了"模式化"总结，使学生对每篇文章的结构、格式一目了然。同时在注释中还有较为详细的"模板结构说明"，对每篇文章写作格式中的每项要素的安排都分别作出了说明。这部分也是本教材的一大特点，可帮助学生克服在汉语写作中普遍面临的可操作性差的难题。

"练习"部分设计了"照猫画虎""顺藤摘瓜""病例诊断""例文评析"等题目。练习的题目在名称设计上突出趣味性，练习内容上突出循序渐进原则，每课课后的练习先易后难，又与"例文指路""结构模板"紧密联系，学生能够边学边用、学以致用，在短时间内掌握各种体裁的结构、格式、内容、语言等特点，大大提升了学生汉语写作的水平。

Of Compilation

In order to adapt to the new characteristics of teaching writing in Chinese as a foreign language, this textbook focuses on the palatability, readability, simplicity, adaptability and other characteristics of teaching to achieve its aim of improving the Chinese writing ability of all students.

Every text in this book has been divided into four sections: Basic principles and aims, Example guide, Structure templates and Exercises. The whole book has a clear and unified structure, that is simple to teach, and easy to learn.

The "Basic principles and aims" clarifies the aims and the areas of emphasis of the text, setting out achievable goals of the lesson.

The "Example guide" provides practical examples of common modern Chinese phrases that can be used by students in their daily activities, studies and work. The lengths of the chosen examples are short, and the language they contain is easy to understand and read. The supplementary notes included in this section detail the purpose and style of modern Chinese writing, as well as its composition, language characteristics, idioms and other structural parts, making it easy for students to understand the style of Chinese writing.

The "Structure templates" creates a structure and format for the chosen examples, and gives students the ability to identify the structural format of passages at a glance. There are also more detailed structural template descriptions in the supplementary notes, that directly illuminate the structural arrangement of each separate article. This is a feature of this textbook which helps students overcome the commonly faced difficulties attached to learning to write Chinese.

The "Exercises" section contains many different types of exercises for students, such as Follow the model, Follow the templates, Case of illness diagnosis, Diagnostic conclusion etc. The exercises progress from easy to difficult and are related to the Example guide and Structure templates. Through the exercises students can study the practical applications of the language they have learned, as well as mastering the characteristics of the various structures, formats and contents of the paragraphs they encounter, which will enable them to master Chinese writing quickly and easily.

目 录

Contents

第一课

事件记叙(一)
Narration of Matter (Ⅰ)

Basic principles and aims
要点提示

1. 写作要点:叙事模式(1)、心理描写。
2. 语言要点:标点符号的用法(1);句内、句子间和段落间的转折。

例文一

藏羚羊的跪拜①

20世纪50年代,藏北有一位肩披长发、脚蹬长筒藏靴的老猎人,是一个杀生与慈悲共存的人。②他以其神奇枪法出没于青藏高原深处,以捕杀各种猎物养活自己并接济路遇的贫困朝圣者。③一天大清早,老猎人从帐篷里出来,伸伸懒腰,正准备要喝一铜碗酥油茶时,突然瞅见两步之远对面的草坡上站立着一只肥肥壮壮的藏羚羊。④他眼睛一亮,送上门来的美事!沉睡了一夜的他浑身立即涌上一股清爽的劲头,丝毫没有犹豫,就转身回到帐篷拿来了杈子枪。⑤他举枪瞄了起来,奇怪的是,那只肥壮的藏羚羊并没有逃走,而是用乞求的眼神望着他,然后冲着他前行两步,两条前腿扑通一声跪了下来。⑥与此

写法注释

① 汉语作文使用方格作文纸,一个字占一个格。作文题目写在第一行的中间,姓名写在第二行的中间。

② 作文正文开头前面空两个格。一个自然段完了要另起一行并空两个格。本文开篇交代时间,简要描述主人公的形象。

③ 完整的陈述句后面用句号。本文此处用一句话交代了主人公生活方式的特征。

④ 一个句子中的停顿用逗号。逗号的书写位置与句号相同。

⑤ 这是有承接关系的句子。一连串的承接性动作刻画出了主人公的细微心理活动。

⑥ 句中停顿用逗号。"并没有……而是……然后……"给出了悬念,引人入胜。

同时,只见两行长泪从藏羚羊眼里流出来。⑦老猎人的心头一软,扣扳机的手不由得松了一下。藏区流行着一句老幼皆知的俗语,“天上飞的鸟,地上跑的鼠,都是通人性的”。此时藏羚羊给老猎人下跪自然是求他饶命了,但他是个猎手,不被藏羚羊的怜悯打动是情理之中的事。他双眼一闭,扳机在手指下一动,枪声响起,那只藏羚羊栽倒在地。它倒地后仍是跪卧的姿势,眼里的两行泪迹了然清晰地留着。

⑦“与此同时”引出同时发生的关联性动作。

那天,老猎人没有像往日那样当即将猎获的藏羚羊开膛,他的眼前老是浮现着藏羚羊给他下跪时的情形。他有些蹊跷,藏羚羊为什么要下跪?这是他几十年狩猎生涯中唯一见到的一次情景。夜里躺在地铺上的他久久难以入眠,双手一直颤抖着……⑧

⑧意思没有说完,后面用省略号,省略号占两个格。通过问句带出了主人公的困惑。“双手一直颤抖着……”的省略写法给人留下了无限的想象空间,引领读者去关注主人公的心灵振颤。

次日,老猎人怀着忐忑不安的心情对那只藏羚羊开膛扒皮,他的手仍在颤抖。腹腔在刀刃下打开了,他吃惊得叫出了声,手中的刀掉在地上……原来在藏羚羊的子宫里,静静地卧着一只小藏羚羊,它已经成形,自然是死了。这时候,老猎人方才明白为什么那只藏羚羊要弯下笨重的身子给自己下跪,它是在求猎人留下自己的一条命,以保全怀在腹腔中小藏羚羊的生命啊!⑨

⑨表达的感情很强烈,后面用感叹号。

于是,老猎人明白了:⑩原来天下所有慈母的跪拜,包括动物在内,都是神圣的。于是他停下了手头的活儿,在山坡上挖了坑,将那只藏羚

⑩需要解释的词语或分句后面,用冒号。“于是”自然承接上文,完成了动作和情感的自然过渡。

羊连同它那没有出生的孩子掩埋了，同时埋掉的还有他的杈子枪……

在藏羚羊跪拜的瞬间，母爱的光芒正熠熠生辉，凝固了时间、穿越了时空，化为永恒。它让我们明白：动物之间的亲情与人类之情是相通的，我们有着共同的惜子之情与慈母之爱。这种与生俱来的情感无比神圣和伟大，亦令人怜悯与动容。所以，珍爱动物吧，停止对它们的血腥杀戮与无情摧残，因为它们一样是生活在这世间有血有肉的生灵啊，一样懂得爱，一样向往自由与快乐，一样也是慈爱的母亲与无辜的孩子啊！

例文二

酒愁

我的童年是在姥爷家度过的，六间瓦房，一个大院，里面住着姥姥、姥爷，还有我。虽然显得有些空旷，但是对于我来说，那个大院无疑就是天堂。①

写法注释

① 开篇简要地交代了时间、地点和人物。“那个大院无疑就是天堂。”表明了本文的主要情感取向。

地上随便捡的一根木棍就可以成为我称霸江湖的“神器”，院子的一个角落是我的“根据地”，而那些可怜的母鸡自然就成了我的“敌人”。②每天我都会把那些被我赶到我的“领土”的“敌人”从院子的这边赶到那边，乐此不疲，弄得整个院子灰尘、鸡毛满天飞。而每一次这样的“战争”都会被姥姥无情地制止，姥姥说母鸡受了惊吓就会不下蛋，没有鸡蛋就不能每天给我和姥爷做炒鸡蛋了。我倒不是很爱吃，但是没有了炒鸡蛋，姥爷喝酒时就没东西吃了，于是我也就饶过了那些母鸡。

我每天一定要做的事情就是晚饭时看姥爷喝酒。他总是轻轻地将小酒盅倒满，然后用两个指头捏着送到口边，一仰头，鼓出的喉结上下蠕动一下，这时他平时紧锁的眉头就会舒展开来，再夹上一口炒鸡蛋，眼睛一眯，脸上露出了笑容。③如果此时我正在看他，他就会拍拍我的头说，傻小子看啥呢，吃饭啊。于是我也学着他的样子“嗞”的一声喝一口水，再吃一口菜，然后做陶醉状，惹得姥爷哈哈大笑。

姥爷酒量很好，但也有喝多的时候，那次不知道为什么，他喝得特别多，连额头上都闪着红光。我凑过去偷偷对姥爷说：④“姥爷，咱家就三个人住了一间房，剩下的那些是不是留着给我娶媳妇啊。”姥爷一下子愣住了，但随即又笑了笑说：“是啊，小子，等你上学了一定要好好学

② 表示特定的含义，用引号。下文中的“领土”“战争”用法相同。此处的引用体现了鲜明的童年色彩，童趣盎然。

③ 非常传神的动作、神态刻画。此处的细节描写很出色。“捏”“仰”“鼓出”“蠕动”“舒展”“眯”等一系列的动作都十分传神。

④ 冒号用在“说、例如、如下”等词语后面，表示后面有要说的话、所举的例子或所做的分析。下文几处的冒号用法相同。

习，将来还靠你养姥爷呢。”我说：“行啊，姥爷，等我将来挣钱了每天都给你买酒喝，给你买最好的酒。”姥爷看我认真的样子，哈哈大笑起来，然后用筷子沾了点儿酒对我说：“来，尝尝。”我舔了一口那筷子，一种苦辣的味道顿时在我的嘴里蔓延开了。我哇哇叫着找姥姥要水，姥姥一边给我水一边埋怨姥爷：“这么大岁数了，你招他干啥！”姥爷只是哈哈大笑：“小子，知道了吧，这不是那么好喝的，将来好好学习，做好人，要对得起自己的良心……”“还做好人，他舅要是做好……”姥姥反驳他。“你住嘴，他舅做得对，那才是我儿子！”姥爷发脾气了，这是我第一次见到，我挺害怕的，虽然我不知道他们在说什么。

等我到了上学的年龄就回到爸妈的身边了⑤，每年只能见姥爷一两次。姥爷一直没有变，还是那么爱喝酒，只是每见一次都感觉他老了许多。有一次我问妈妈为什么我没见过舅舅，妈妈告诉我小孩子少问。以后我就再也没提过这件事。

长大以后，学会了郁闷，也学会了喝酒。⑥大一的一年就是在空虚中过来的，什么都没有做，等自己发现的时候，重重的压力像约好了似的扑面而来，让人喘不过气。常常和几个兄弟约出去喝酒，发现只有在喝酒的时候人才最坦诚。苦涩的啤酒在嘴里辗转，刺激着口腔中的每一根

⑤ 用“等”交代时间的推移和变化，这在汉语里很普遍，可以使写作简洁，省去好多交代的笔墨。

⑥ “学会了……也学会了……”紧接在“长大以后”这一时间状语之后，简要概括出了主人公的心理和行为变化，为下文的情感发展作下了很好的铺垫。

神经，在酒精的麻醉下人们都卸下了平时戴在脸上的面具,纷纷道出心中的苦闷,恨不得自己永远不要清醒。但醒酒后的冷静让人害怕,残酷的现实还是摆在面前，所以就期待着下一次麻醉。

渐渐地,我发现我能理解姥爷为什么那么爱酒了,那是心中压抑啊!就在我想着给姥爷打个电话时竟接到妈妈的电话,姥爷病危,在市医院。

当我飞奔到病房的时候，病房里已经围满了人,我径直走到姥爷床前。姥爷此时已经昏迷了,嘴里喃喃地说着,建华,建华。我听妈妈说过,建华是舅舅的名字,但这个词我还是第一次听姥爷说起。

我哭着问妈妈怎么回事。胃癌，已经扩散了,今天姥爷昏倒了才发现的,以前胃疼他都在强忍着。⑦

妈妈也已经泣不成声。这时姥爷醒了,看到我第一句话竟然是我想喝点儿酒。大家都制止,姥爷说没事的,反正都没救了,就当是我向你们提的最后要求吧。我含着眼泪跑到外面,买了一瓶茅台,回来给姥爷倒上,在大家的注视下姥爷喝下了那一小杯酒,脸上露出了满足的笑容,但我分明看出这笑容带着一丝的无奈。

姥爷去世了,是脸上带着笑容走的,可见他是没有遗憾了。后来在我的追问下妈妈终于向我提起了舅舅。那时刚分产到户,姥爷家很快就

⑦ 本该加引号的句子,此处却直接写出，直陈事实的客观存在,蕴含了作者的复杂内心感情。

富裕起来，盖了六间房，准备给舅舅娶媳妇。那天姥爷和舅舅去赶集买结婚用的东西，路旁的一个小孩儿放炮仗惊了路上的一头牛。那牛沿着路疯跑，车夫早已被颠倒在地上，行人纷纷躲开，可一个小孩儿却愣在了路中央。姥爷要上去拦，舅舅拉了他一把，然后自己冲上去抓住了牛的笼头。终于，那牛改变了方向，而舅舅的手却卡在笼头里，被牛连踢带顶拖出一百多米。姥爷亲眼看着舅舅去世，从此就陷入了深深的自责……⑧

这个故事让我的心震了一下。原来姥爷一直是在用酒来麻醉自己啊，他在自责当初冲上去的为什么不是他。姥爷是坚强的，他没有因为舅舅的去世改变他的信条。

要做好人，我会做到的。⑨

⑧ 谜底揭开，故事的悬念到此结束。此处省略号的使用较好，引发读者思考。

⑨ 简要概括事件给自己的影响和人生启迪。这在汉语记叙性文体写作中很常见。

生词

接济	jiējì
朝圣者	cháoshèngzhě
怜悯	liánmǐn
蹊跷	qīqiāo
忐忑不安	tǎntè bù'ān
与生俱来	yǔ shēng jù lái
杀戮	shālù
神器	shénqì
根据地	gēnjùdì

例文结构模板

□□□□□□□□①

□□□②

③这是一个发生在□□的故事。□□□□,□□□□□□□□□。④

有一天,他□□□□□□□□,突然□□□□□□。他赶紧□□□□□□□□□□,然后□□□□,与此同时,□□□□。那天,他的眼前总是浮现着□□□□。这是他□□年□□生涯中印象最深的瞬间。

第二天,□□□□,原来□□□□□□□□□□□。后来,□□□□□□□□□□。⑤

这件事□□□□□□□□□□□□。⑥

模板格式说明

① 题目写在第一行中间。

② 姓名写在第二行中间或右侧。

③ 每段开头空两格。

④ 写事记叙文开头要根据正文叙述事件的角度,或者开门见山点明文章的主题,或

者做相关的叙述或描写,引出正文。开头要力求新颖生动,但不能脱离正文内容。

⑤ 正文叙述事件,可以按事件发生的先后顺序。

⑥ 结尾点明中心,呼应开头。

练习

一 照猫画虎

按例文结构模板的提示完成下面的短文,并加上恰当的标点符号。

一件______的事

这是一件发生在__________的事。虽然已经过去很久了,我至今__________。

那年我还在上小学。有一天,我跟__________去__________。那时正是春天______________,________________________。我们开始在_______________。突然,______________,______________。后来,______________。

这件事________________________。

二 病例诊断

根据本课学到的标点符号知识,分析下列标点符号在使用上的毛病。

病例一

近年来,大学校园内各类考研培训的广告随处可见,越来越多的本科生把攻读硕士作为自己的首选目标,在北大清华人大等高校,双休日前来进修的企业管理人员源源不断。

病例二

第一次见到法国画家马赛尔·穆利,就给我留下了深刻的印象,穆利先生是一位很有风度,又很和善的老人,是那种在电影中可以经常看到的善良正直的人物。

病例三

谈到老字号,北京人会滔滔不绝说出很多有名的老字号,有450年历史的六必居酱菜店,200年历史的月盛斋,开业于清咸丰三年的内联升鞋店,还有清末民初创业的瑞蚨祥布店、谦祥益绸缎店、祥聚合食品店、全聚德烤鸭店,这些店,纵横北京城、生意兴隆。

病例四

母亲外出几天,回家后问儿子家里有什么事发生没有。儿子说,“爸爸醉了。”“胡说!我这几天没喝酒。”爸爸嚷到。“还说没醉呢,”儿子争辩说:“我听见你亲口对女佣说的,你的眼睛使我陶醉!”

第二课 事件记叙(二)
Narration of Matter (Ⅱ)

Basic principles and aims
要点提示

1. 写作要点:叙事模式(2)、心理描写。

2. 语言要点:标点符号的用法(2);句内、句子间和段落间的转折。

例文一

压岁钱

中国人对过年特别重视,从每年春节的火车站就可以看出中国人喜欢过年,确切地说是喜欢团圆。①"过年"一词原本就和"团圆"分不开,或许正是这个原因,才会与"交流"有着千丝万缕的联系。我过了二十多个春节,大凡过年,都要准备好多"压岁钱"。②

我小时候特别喜欢过年,因为过年就意味着可以得到"压岁钱",但是我一直都不大懂"压岁钱"一词的含义。③大概是大人们把钱给小孩子,希望其永远童真,不要像自己一样衰老,烦事多吧。也许,大人们多半不想孩子们长大,便

写法注释

① 开篇概括出过年在中国人心目中的地位和意义。

② 语言凝练,为下文的叙述展开作出了很好的铺垫。"大凡"一词很有概括性。

③ 引出"压岁钱"的含义。语言使用上层层递进,显得逻辑清楚,冷静的叙述中带着调侃,平淡的语言中有一种诙谐。

拼命地拿钱“压”住他们,甚至,有的上了大学,成了家还不放过。须知“岁”是“压”不住的,要长大的终究是要长大。

我们三十岁以前都被“压”住了,故“三十而立”也就具有了别样的意义。在给压岁钱时,有时,给钱的一方满脸堆笑,嘴里却压着不说:“千万别要。”接钱的一方嘴里说着:“孩子,别要××的钱!”表情却极为紧张,唯恐孩子真的不要。等孩子接过钱后,父母们脸上立即阳光灿烂,直冲着孩子说:“还不快谢谢××!”你可以什么都不相信,但你绝对要相信这声“谢谢”的真诚。④

以前我一直不明白为什么压岁钱总是给来给去的。你给了我的孩子,我再给你的孩子。后来我终于明白了:在给压岁钱的过程中感情已经得到了交流。⑤压岁钱对于孩子的三重含义是他们要理解的:一是给钱的一方必定有钱;二是父母和对方的关系必定很好;三是钱有时候是可以不劳而获的,但必定要有“关系”⑥。这“压”来“压”去的结果便是钱从你的上口袋里流到我的下口袋里,再从我的左口袋里流入你的右口袋里。到最后,大人们也亏不了什么本(倘若真的亏了本,关系必定疏远不少),故也乐此不疲,年复一年。

④ 通过语言进行心理描写,细节刻画很到位,也很传神。“极为……唯恐……立即……直冲……”等词的使用使本文对于心理的刻画入木三分。

⑤“一直不明白……后来……”在汉语表达上常用于表现误解逐渐消除,或者用于表现对事物认识态度的转变。

⑥“关系”一词引号的使用在此很有意义,能够折射出现实中国人情社会的某种心理结构。

例文二

挫折

考试在即，校园里小树林边常有一个十四五岁的男孩儿在那里紧张地复习着功课。这个男孩儿就是我。①

可是三年前，我完全是另一种形象。②我的改变全因为那一次挫折。③

玩儿过了小学，我走进了初中。由于有几分灵气，我的成绩倒也不错。于是，我持着“聪明”的“护照”继续逍遥。

一天，老师对我说：“过几天要举行数学竞赛。你要好好儿干，准备得个名次。”我一听，心想：哼，我还用好好儿干吗？凭我的聪明劲儿，特等奖非我莫属。比赛前的几天里，别人都积极翻阅各种资料，我却活跃在篮球场上。④

赛场上，我傻眼了。且不说试卷题难，有些数学符号我都从未见过。我勉强做了几道题，虽在试卷上留了一大片空白，可我仍认为自己做的题百分之百正确。我想，自己不会做的，别人也不会比我强。下课铃响了，我信心十足地交了卷子。⑤

颁奖仪式开始了。我静坐着，期盼着那“第一名”和紧接着我名字的呼叫声。可是，上帝是

写法注释

① 开头，描写和概述。

② 对上一段内容的转折。

③ 引出对事件的叙述。以下几段叙述事件的过程。

④ 事情的起始。交代时间、地点、人物。这段最后一句“比赛前的……我却活跃在篮球场上”是转折复句。“却”是关联词，它的位置只能在主语的后边，一般不能在句首。

⑤ 事情的发展。这段主要是心理描写。这段中“虽在试卷上留了大片空白，可我……正确”是转折复句。“可”、“可是”的位置在主语的前面。

公正的，不会轻易将成功赐予一个未付出努力的人。我垂下了头，心灰意冷，怏怏地离开了会场，心中有着不可名状的迷惑：我一直是幸运儿，这回怎么了？⑥

正在我因为失败而渐渐消沉时，老师送给我萧伯纳的一句话"人生有两大悲剧，一个是踌躇满志，一个是万念俱灰"。我恍然大悟：我已经经历了一个悲剧，现在又进入另一个悲剧。⑦

自那次挫折以后，我慢慢改变了自己，使悲剧少了一个主人公，奋斗史册上多了一个既不自傲、也不悲观的我。⑧

⑥ 事情的高潮。这一段中"我静坐着，……不会轻易将成功赐予一个未付出努力的人。"是转折关系的两个独立句子。

⑦ 点出意义，揭示主题。

⑧ 结尾，发出感慨。

生 词

千丝万缕	qiān sī wàn lǚ
压岁钱	yāsuìqián
童真	tóngzhēn
三十而立	sānshí ér lì

乐此不疲	lè cǐ bù pí
非我莫属	fēi wǒ mò shǔ
心灰意冷	xīn huī yì lěng
怏怏	yàngyàng
不可名状	bù kě míng zhuàng
踌躇满志	chóuchú mǎn zhì
万念俱灰	wàn niàn jù huī
恍然大悟	huǎngrán dàwù

例文结构模板

□□□□□□

□□□

□□□□□□□□□□□□,□□□□,□□□□。①这件事使我□□□□□□。②

□□□□□□□□□□□□□□。□□□□□□□□□□□□。③□□□□□□□□□□□□□□□□□□□□□。④□□□□□□□□,□□□□□□□□□□□□□□□□□□□□□□□□□□。⑤

自□□□□以后,我□□□□□□□□□□□□□。⑥

写事记叙文模式:

【开头】

1. 感情化语言概括叙述事情。
2. 议论这件事对我的启发意义。如“这件事让我明白了……的道理”。

【中间】

从开头、发展到结尾,细致叙述和描写。在发展的高潮部分最好点出启发意义即主题。

【结尾】

重申意义,照应开头,发出感慨。

模板格式说明

① 用感情化口语概述事情。

② 议论事情对“我”的启发意义。

③ 按顺序叙述事情的过程,先写事情的起始。

④ 写事情的发展,要细致、有细节,如人物的心理活动等。

⑤ 写事情的高潮,在这一部分点出主题,可抒情议论。

⑥ 重申意义,照应开头,发出感慨。

练习

一 照猫画虎

根据例文模板提示,写一件对你影响较大的事。

二 阅读

阅读下面文章,完成后面的问题

为自己埋单

毕业于名牌大学艺术系的我,在一系列漫长艰辛的应聘中,击败了所有的对手,来到这所因为中国人少而被称作“外国人”的意大利独资装潢设计公司,成为设计部的一名员工。

上班的第一天,一个栗色长发的外籍女孩子很明媚地冲我微笑:“嗨,我是Marla。先来杯咖啡怎么样?”我看着她,忙不迭地打招呼:“你好,我是阿楠。”她歪头望着我,等待什么似的停顿了十几秒钟,见我没有更多的反应,转身走向格子间尽头的咖啡机。不一会儿,她端着一杯热腾腾的咖啡从我面前走过。奇怪,这位“麻辣”小姐不是问我要不要咖啡吗?

我好奇地走到咖啡机前,发现上面贴了一个说明——投入10美分硬币,您将品尝到纯正的蓝山咖啡。10美分,还不足人民币一元钱。这个“麻辣”小姐不会为了区区一元钱而舍不得给我买一杯吧?

一个多小时后,Marla又探过头:“楠,想喝一杯咖啡吗?”我正忙着手头上的事,便头也没抬,随口应了声:“好啊!”可十多分钟过去了,我发现这个意大利女子正津津有味地品尝咖啡,似乎完全忘记了她的问话。注意到我诧异的表情,她一扬眉毛:“你真的要喝咖啡吗?”我这才恍然大悟,赶忙摸出一枚10美分的硬币递过来。一分钟之内,咖啡摆在了我面前。

有来无往非礼也。下班前,我也问“麻辣”小姐:“Marla,要咖啡吗?”她递过来硬币:“有劳!”我一边啜饮,一边注意到,这里每个人喝咖啡都是自己付费,虽然仅仅只有10美分,却没有一个人提出代付或者请客。

不久,在这奇怪得有些冷漠的环境中,我终于联系上了第一位客户。无奈他是一位从小在日本长大的先生,不会讲英文,而我的日文又太差,沟通很成问题,只好求助于其他人。设计部除了“麻辣”小姐,还有一位同事可以用日文进行对话。那位同事的手头已经有两个客户在谈,自然要烦劳“麻辣”小姐了。“麻辣”小姐看了客户的情况,湖水色的眼睛眨也不眨,却非常认真地问我:“楠,你想好了吗?”

我并没有意识到这就是将单子拱手让人。“麻辣”小姐开始事无巨细地进行前期沟通,我则忙着自己的事情,等待她将情况处理好之后,由我来进行进一步规划。当我开始忐忑不安的时候,客户的电话、传真和E-mail已经陆续转移到了“麻辣”小姐那里,而计算机里所有关于这个客户的数据,也都被“麻辣”小姐严密封锁。这可是我的第一笔单!我急了,忍不住吼道:“Marla,你怎么抢我的客户!”“麻辣”小姐放下手中的报表,不慌不忙地说:“楠,当初是你请我接手的,怎么称得上是抢呢?你的学识不足,没办法把握这个机会,请不要把责任推到别人身上。在这里买一杯咖啡都需要你亲自付费的。”

我把牙咬得咯咯响,却一句反驳的话也说不出来。的确,____________________。

半月之后,我们最大的客户清扬房产的瞿总过来参观。路过行政部的时候,一位中年男子的叫嚷声吸引了瞿总的目光。我一惊,正是我负责的客户刘先生。那是一笔不大的单子,他认为我为他作出的设计报价有水分,多了几千元。宾主尽欢之际,却突然发生这种事情,场面顿时陷入尴尬的寂静。我毫不犹豫站了出来,只要是我的错误,就不能等待和回避。“刘先生,先请坐下,我和您再核算一下,可以吗?”花了大约15分钟的时间核算,瞿总一直站在旁边仔细观看。原来,是刘先生误加了一份工时费。找出问题的症结之后,刘先生显得有些不好意思,连连道歉说:“我这笔小单子耽误你接待大客户了。”

我站起身,非常诚恳地对刘先生说:“没关系,对我们公司来说,客户带来的效益可能有大小之分,但是在公司眼里,每一位客户都是值得尊敬的。所以,就算有瞿总这样重要的客户在场,我们也不能停止为一位普通客户的服务。而且,每分钱都应该算得明明白白,既是对客户负责,也是对自己和公司负责。”

听到这里,瞿总紧锁的眉头舒展开了,微笑着对经理说:“看来,我们是一定要合作的了!”

于是,当天下午双方举行了签字仪式。

下班前,经理把我和“麻辣”小姐一起叫进了办公室,希望我们能合作完成这笔单子的设计任务。“看到阿楠勇敢地承担起自己的责任,我相信你们一定能把这一仗赢得漂漂亮亮!”其实,我只是为自己的事情埋单,却意外地得到了上司的赏识。

走出经理办公室,我来到咖啡机前,发现不知道什么时候,上面的小贴示换了——您真的想喝一杯咖啡吗?请您为自己埋单!

1. 本文主要记叙了5件事,请你用简明的语言概括出来。

①

②

③

④

⑤

2. 文章中的横线处,省略的是“我”的心理活动,请你试着补充写出来。

3. 本文作者对人物的语言描写入情入理,很富有感染力,请你选择一处加以赏析。

第三课 事件记叙(三)
Narration of Matter (Ⅲ)

Basic principles and aims 要点提示

1. 写作要点:按照事件发生、发展、结束的顺序进行语言和行为描写。
2. 语言要点:句内、句子间或段落之间的承接;句式的连贯、语言的精炼平实。

例文一

一件小事

鲁迅

我从乡下跑到京城里,一转眼已经六年了。其间耳闻目睹的所谓国家大事,算起来也很不少;但在我心里,都不留什么痕迹,倘要我寻出这些事的影响来说,便只是增长了我的坏脾气①,——老实说,便是教我一天比一天的看不起人。

但有一件小事,却于我有意义,将我从坏脾气里拖开,使我至今忘记不得。

这是民国六年的冬天,大北风刮得正猛,②我因为生计关系,不得不一早在路上走。③一路几乎遇不见人,好容易才雇定了一辆人力车,教他拉到S门去。不一会,北风小了,路上浮尘早已

写法注释

① 文首提到国家大事增长了我的坏脾气,为后文写车夫的高贵品质作铺垫。

② 点出事件发生的时间及天气状况。

③ 点出事件发生的地点并暗示身份。

刮净,剩下一条洁白的大道来,车夫也跑得更快。刚近S门,忽而车把上带着一个人,慢慢地倒了。

跌倒的是一个女人,花白头发,衣服都很破烂。伊从马路上突然向车前横截过来;车夫已经让开道,但伊的破棉背心没有上扣,微风吹着,向外展开,④所以终于兜着车把。幸而车夫早有点停步,否则伊定要栽一个大斤斗,跌到头破血出了。

④ 一系列的细节描写,表明老女人是故意跌倒。

伊伏在地上;车夫便也立住脚。我料定这老女人并没有伤,又没有别人看见,便很怪他多事,要自己惹出是非,也误了我的路。

我便对他说,"没有什么的。走你的罢!"

车夫毫不理会,——或者并没有听到,——却放下车子,扶那老女人慢慢起来,搀着臂膊立定,问伊说:"你怎么啦?"

"我摔坏了。"

我想,我眼见你慢慢倒地,怎么会摔坏呢,装腔作势罢了,这真可憎恶。车夫多事,也正是自讨苦吃,现在你自己想法去。

车夫听了这老女人的话,却毫不踌躇,仍然搀着伊的臂膊,便一步一步的向前走。我有些诧异,忙看前面,是一所巡警分驻所,大风之后,外面也不见人。这车夫扶着那老女人,便正是向那大门走去。⑤我这时突然感到一种异样的感觉,觉得他满身灰尘的后影,刹时高大了,而且愈走愈大,须仰视才见。而且他对于我,渐渐的又几乎变成一种威压,甚而至于要榨出皮袍下面藏着的“小”来。⑥

我的活力这时大约有些凝滞了,坐着没有动,也没有想,直到看见分驻所里走出一个巡警,才下了车。

巡警走近我说,“你自己雇车罢,他不能拉你了。”

我没有思索的从外套袋里抓出一大把铜元,交给巡警,说,“请你给他……”

风全住了,路上还很静。⑦我走着,一面想,几乎怕敢想到自己。以前的事姑且搁起,这一大把铜元又是什么意思?奖他么?我还能裁判车夫么?我不能回答自己。⑧

这事到了现在,还是时时记起。我因此也时时熬了苦痛,努力的要想到我自己。几年来的文治武力,在我早如幼小时候所读过的“子曰诗云”一般,背不上半句了。独有这一件小事,却总是浮在我眼前,有时反更分明,教我惭愧,催我自新,并且增长我的勇气和希望。

⑤ 从“毫不理会”“扶起”“挽着臂膊立定”“毫不踌躇”等这样细致入微的神态、动作描写,使车夫的形象变得如此高大,一改我们印象之中车夫卑微的形象。在鲁迅先生的笔下,车夫这个最为平凡却又最难于描写的人物却变得栩栩如生,贴近生活。

⑥ 按观察事物的透视常规,近大远小,而此处作者用一反常规的视觉形象,刻画车夫灵魂的高尚和自己心灵的震动。此处没有用比喻把车夫的形象束缚住、限制住,而是用“愈走愈大,须仰视才见”的连续摇动的特写镜头,留给读者想象的余地,把作品中“我”这个知识分子内心的感动与觉醒表现得极其形象,极其深入。

⑦ 提供了沉思默想是必要的的安静环境。

⑧ 通过自责,鲁迅先生的寓意已大白于众。在此,他不仅赞赏了车夫的正义行为,而且也寄托了他的另类情怀。

一九二〇年七月。

（据报刊发表的年月及《鲁迅日记》，本篇写作时间当在一九一九年十一月。本篇选自一九一九年十二月一日北京《晨报·周年纪念增刊》。）

例文二

背　影

（朱自清）

我与父亲不相见已二年余了，我最不能忘记的是他的背影。①

那年冬天，祖母死了，父亲的差使也交卸了，正是祸不单行的日子，我从北京到徐州，打算跟着父亲奔丧回家。到徐州见着父亲，看见满院狼藉的东西，又想起祖母，不禁簌簌地流下眼泪。父亲说，"事已如此，不必难过，好在天无绝

写法注释

① 开篇点题。作者抓住人物形象的特征——"背影"来命题立意，浓重气氛笼罩全文。

人之路！”回家变卖典质，父亲还了亏空；又借钱办了丧事。这些日子，家中光景很是惨淡，一半为了丧事，一半为了父亲赋闲。丧事完毕，父亲要到南京谋事，我也要回北京念书，我们便同行。②

到南京时，有朋友约去游逛，勾留了一日；第二日上午便须渡江到浦口，下午上车北去。父亲因为事忙，本已说定不送我，叫旅馆里一个熟识的茶房陪我同去。他再三嘱咐茶房，甚是仔细。但他终于不放心，怕茶房不妥帖；颇踌躇了一会。其实我那年已二十岁，北京已来往过两三次，是没有甚么要紧的了。③他踌躇了一会，终于决定还是自己送我去。我两三回劝他不必去；他只说，“不要紧，他们去不好！”

我们过了江，进了车站。我买票，他忙着照看行李。行李太多了，得向脚夫行些小费，才可过去。他便又忙着和他们讲价钱。我那时真是聪明过分，总觉他说话不大漂亮，非自己插嘴不可。但他终于讲定了价钱；就送我上车。他给我拣定了靠车门的一张椅子；我将他给我做的紫毛大衣铺好坐位。他嘱我路上小心，夜里警醒些，不要受凉。又嘱托茶房好好照应我。我心里暗笑他的迂；他们只认得钱，托他们直是白托！

② 交代分别时的家庭境况，为写背影渲染悲凉气氛。

③ 这里的“说定”“熟识”“再三嘱咐”“甚是仔细”“踌躇”这些用语，强调说明父亲已经为儿子上车作了极其精细、周密的考虑和安排，字眼虽然十分平常，但用得恰到好处，浓浓父爱跃然纸上。

而且我这样大年纪的人，难道还不能料理自己么？唉，我现在想想，那时真是太聪明了！④

我说道，“爸爸，你走吧。”他望车外看了看，说，“我买几个橘子去。你就在此地，不要走动。”我看那边月台的栅栏外有几个卖东西的等着顾客。走到那边月台，须穿过铁道，须跳下去又爬上去。父亲是一个胖子，走过去自然要费事些。我本来要去的，他不肯，只好让他去。我看见他戴着黑布小帽，穿着黑布大马褂，深青布棉袍，蹒跚地走到铁道边，慢慢探身下去，尚不大难。可是他穿过铁道，要爬上那边月台，就不容易了。他用两手攀着上面，两脚再向上缩；他肥胖的身子向左微倾，显出努力的样子。这时我看见他的背影，⑤我的泪很快地流下来了。我赶紧拭干了泪，怕他看见，也怕别人看见。我再向外看时，他已抱了朱红的橘子望回走了。过铁道时，他先将橘子散放在地上，自己慢慢爬下，再抱起橘子走。到这边时，我赶紧去搀他。他和我走到车上，将橘子一股脑儿放在我的皮大衣上。于是扑扑衣上的泥土，心里很轻松似的，过一会说，“我走了，到那边来信！”我望着他走出去。他走了几步，回过头看见我，说，“进去吧，里边没人。”等他的背影混入来来往往的人里，再找不

④ 描绘父亲的悉心关照，为写背影作铺垫。

⑤ 白描手法描绘父亲的动作，在叙述中凸现父亲平实的关爱，感情真挚又恰到好处。语言洗练、成熟、考究、接近口语是朱自清后期散文的特点。作品不着力于形神、容貌的描绘，而是抓住父亲的一个特征——“背影”，不惜笔墨细致刻画。文中共四次提到背影，这是第二次。

着了，我便进来坐下，我的眼泪又来了。⑥⑦近几年来，父亲和我都是东奔西走，家中光景是一日不如一日。他少年出外谋生，独力支持，做了许多大事。那知老境却如此颓唐！他触目伤怀，自然情不能自已。情郁于中，自然要发之于外；家庭琐屑便往往触他之怒。他待我渐渐不同往日。但最近两年的不见，他终于忘却我的不好，只是惦记着我，惦记着我的儿子。我北来后，他写了一信给我，信中说道，"我身体平安，惟膀子疼痛利害，举箸提笔，诸多不便，大约大去之期不远矣。"我读到此处，在晶莹的泪光中，又看见那肥胖的，青布棉袍，黑布马褂的背影。唉！我不知何时再能与他相见！⑧

1925年10月在北京。

选自1925年11月22日《文学周报》第200期

⑥"混入"一词准确，因为车站来来往往的人多。

⑦ 再一次写到背影，以"我的眼泪又来了"结束更增添背影的感人力量。

⑧ 在晶莹的泪光中，再现父亲背影，与文章开头回环呼应，余音袅袅，情长绵绵。

生词

生计	shēngjì
毫不理会	háo bù lǐhuì
惭愧	cánkuì
祸不单行	huò bù dān xíng
惨淡	cǎndàn
赋闲	fùxián
颓唐	tuítáng

例文结构模板

□□□□□□□□

□□□

我读□学□年级的时候,①□□开始教我□□。他对我□□□□,经常□□□□。②

有一次学校上□□课,老师先□□□□□□□□□,然后要我们□□□□□。③我□□□□□□□□□□□□□□□□□□□□□。

当我□□□□□□□的时候,④有几个同学□□□□□□□,他们□□□□□□□□□。

"□□□□□□□□□□□□?"

"□□□□□□□□□□□□!"

老师□□□□□,□□□□□□,然后□□□□□,说:"□□□□□□□□。"⑤

于是,老师□□□□□□□□,他让□□□□□□□□□,随后□□地说:"□□□□□□□□□□,□□□□□□□。"⑥

这位老师的话同我□□讲的是那么相似。他们的教诲使我一生受用。

模板格式说明

① 交代事情发生的时间。

② 交代和事件有关的人物。

③ 用承接关系的两个分句描写老师连续的两个动作。交代事件的起始。接下来写事情的发展。

④ 用表示时间的短语连接上下文,交代事件的发展。

⑤ 使用几个承接关系的分句继续描写老师的动作和语言。交代事件的进一步发展。

⑥ 用"于是"引出事情的结果。

练习

一 照猫画虎

运用本课中学到的句内、句子间、段落之间承接的知识,完成下列短文。

难忘的一躬

上初三的时候,人气最高的是语文课老师孙老师。他________课讲得有特色,待人处事________无可挑剔。________是每堂课在班长喊起立之后,他总要鞠躬还礼后才正式上课。

孙老师最讲信用,答应我们什么事,他总会做到。对我们这些学生来说,孙老师就是我们学习做人的一本活教材。孙老师所说所做的,几乎成了我们的行动指南。

中考前几天的一个下午,第三节是语文辅导课。上课铃敲响,________孙老师,我们的班主任李老师。

"同学们,孙老师有点儿事,不能来上课了。不过他让我转告大家,放学前后,他一定赶回来,把大家的课补上。"

__________我们还小,__________也没有去想__________,__________想去问,________大家都认为,孙老师到时一定会来上课。

________,孙老师还是没有来。大家谁也没有动,因为同学们都相信,孙老师一定会来。时间一分一秒地过去,教室外站满了接孩子的家长。一刻钟过去了,不少家长走进教室领孩子,但没有同学走。

"孙老师说了,他一定会回来的。"家长们只好退出去,静静地在教室外面等。校长过来了。他轻声地告诉大家,一个小时前,孙老师的家属在校门口出了车祸,正在医院抢救。孙老师可能不会回来了,大家可以回家了。

不少家长再次走进教室领孩子,但依然没有人动。同学们还是认为,孙老师说过他会回来,他就一定会回来的。教室里正因家长劝孩子回家而出现骚动时,孙老师的身影出现了。他来不及擦掉额头的汗水,__________向依然在教室外的家长深深地鞠了一躬,连连说了几个“对不起,请多原谅”。__________,他走进教室,向我们深深地鞠了一躬:“对不起,让大家久等了,今天就不必起立了,我们直接上课。”教室内外静得出奇。

孙老师平静地讲完了准备的课程,________向同学们深深地鞠了一躬:“谢谢大家的支持。我还有点儿事,有什么不明白的,明天继续。”______,对着教室外的家长们,孙老师________深鞠一躬:“给你们添麻烦了,请多原谅。”________,他的身影消失在了全体同学和家长的目光中。__________,孙老师的家属在那次车祸中去世了。__________同学们泣不成声。

那个下午,孙老师的鞠躬一直深深地印在我的记忆里。成为一名教师以后,我一直把孙老师那几个抱歉的鞠躬作为自己对待学生和做人做事的准则,并把它当作我人生中一笔最宝贵的财富……

(选自《中国教师报》,作者张彩虹。有改动)

二 病例诊断

分析下列句子中关联词使用的错误。

① 在课堂上,先老师讲了语法,然后给我们举有趣的例子。

② 下课以后,我们去餐厅吃饭,于是去超市买东西。

③ 他把申请表交给于主任,于是唱着歌走了。

④ 他上星期来过我这里,然后就没有来过。

⑤ 我去年三月六日来到中国,第一天游览了长城,明天游览了故宫。

⑥ 我二十岁的时候,在东京的公司开始工作,后来,我来到中国上海。

第四课

事件记叙(四)
Narration of Matter (IV)

Basic principles and aims
要点提示

1. 写作要点：叙事的开头、展开和结尾；语言和行为描写；顺序、倒叙手法的使用；注意故事的起承转合、情感的真挚。

2. 语言要点：句内、句子间和段落之间的承接；选取富有个性特征的语言。

例文一

渴 望

一天傍晚，我独自一人在灯下备课，突然响起急促的电话铃声。①

我拿起话筒"喂"了好几声，那边才传来一个怯生生的声音："你是妈妈吗？妈妈！"一个女孩儿的声音，稚嫩而低婉。"你找谁呀？"也许是受了那声音的感染，也许是怕惊吓了那端的孩子，我用极轻极细的声音问道。"我找妈妈，你是妈妈吗？"声音极为倔强，充满一种渴望，显出几分凄凉。我明白了，这是一个正在寻找母亲的孩子。我故意拖长了声音："你是……"②"我是安安呀！"显然，孩子有些迫不及待了，是怕我挂了电

写法注释

① 开篇即进入故事正题，凝练，扣人心弦。

② 省略号的使用内涵丰富，有猜测、迟疑、等待之意。

话,声音也大起来。“安安,你在哪儿呢?”我以母亲的情怀叩问。我听到电话的那一边“哇”的一声,女孩儿放声恸哭起来。我大声喊道:“好孩子,快告诉妈妈,你现在在哪儿?”电话里传来嘤嘤的抽泣,她哽咽道:“妈妈,我一个人在家里,好害怕。也没有吃饭,爸爸还不回来。我的作业也做完了。我很听话。妈妈,你为什么还不回家呢?爸爸说你去了好远好远的地方,说我懂事了,你就会回来。妈妈,我现在懂事了,我的各门功课全是班上第一名,可你怎么还不回来呢?”③我揪着的心终于落了下来。但孩子的话却使我陷入了一种悲凉和迷惘。我望着窗外袭来的沉沉暮色,不知是怎样结束那场谈话的。只记得我以母亲般的慈怜对着电话说:“好孩子,如果你想妈妈了,就给我打电话,记住,妈妈永远想着你。”她高兴了。告诉我,她是通过电话薄找到我的名字,查出电话的。她很得意地说:“妈妈,你真难找。有一次,我听到的是老奶奶的声音,就马上放下了电话。又一次,是一个叔叔的声音,我说我要找妈妈,他就使劲地吼开了,好凶的声音哟,吓得我差点儿哭起来,但是我不怕,你是我拨了第九次电话才找到的。我真高兴啊!”我实在不忍心听下去了,这是一个具有怎样遭遇

③ 语言简短,似乎缺乏逻辑,但却符合儿童的跳跃思维特点。

的孩子呢？她有多大？上几年级？家住哪里……④但这一切我都不敢去询问。既然是妈妈怎么会不知道女儿的一切呢？孩子会怀疑的。

④ 四个简短问句，语气紧张急促，增加了故事悬念。

此后，一连好几天，家中的电话一响，我就抢着去接。渐渐我知道了女孩儿的情况。她在武昌一所小学读二年级，和我女儿一样大小。每天要乘一个小时的公车去那里读书，中午用一块钱吃午饭，爸爸常常很晚回家。她是班上最优秀的学生，数学课代表……而且，我知道了她的名字叫黄莹，乳名叫安安。安安很会唱歌，常常在电话里唱些刚学会的新歌给我听。⑤

⑤ 女孩儿的情况间接点出，叙述方法多样。

8月，学校放假后，我和丈夫带着女儿去北京旅游，整整一个月。⑥旅游回来的当天晚上，电话铃声响了，是安安！那头是她很委屈的声音。她说她每天晚上都给我打电话，就是没人接。她问："妈妈，你去了哪里？学校放假了，别的孩子，有的去了夏令营，有的跟妈妈旅游去了。⑦可我总一个人在家里，连说话的人都没有，好孤独。妈妈，我真想你带我去玩儿玩儿，同学们都看过了长江二桥，说可好看啦，可没有人带我去。"我的心在战栗，可回答她的只有沉默。可怜的孩子，我能告诉你我带女儿去北京吗？我开始编造起谎言来："妈妈暑假太忙，出差去了。以后有了

⑥ "整整一个月"，起补充说明作用。

⑦ 有的……有的……这样的并列句是经常使用的描述方法。

时间，一定带你去所有你想去的地方玩儿。”

期中考试结束后不久，安安就来电向我汇报她的成绩了。她说语文考了99分，是全班第一。第二名是叶丽丽，98分，她妈妈还奖了她一大块巧克力。她的同桌张华才考了72分，挨了爸爸的打，屁股都被打红。我问道：“爸爸奖励了你什么呢？”电话那头是一阵沉默。许久，她才说：“爸爸从来不管我，有几次老师要家长在作业上签字，可爸爸很晚才回来，我就模仿他的字迹签了，结果老师狠狠地批评了我，说我是撒谎的、不诚实的孩子。妈妈，我以后再也不敢了。妈妈，你什么时候才能回家呢？你回来了，我就有人签字了。”我的眼泪不可抑制地流了下来：“安安，乖孩子，好好学习，等妈妈回来，一定奖励你很多很多巧克力，给你签字。当然，如果成绩不好，妈妈也会打你屁股哦！”那边是一阵欢呼。接着是甜甜的一声：“妈妈拜拜！”

两星期后，安安又打来电话，她以一种欢愉的声音对我说：“妈妈，数学测验试卷发下来了，我才考了72分。真的，妈妈，你快回来打我屁股吧！”⑧我被这种喜悦震惊了。我明白安安的苦心，为了妈妈打屁股的惩罚。多么痴迷的童心啊，为了一个温馨的梦，竟做出如此可歌可泣的

⑧ 这是文中的小小转折，制造变化及悬念，避免平铺直叙的乏味。“安安”自报不佳，反而增加文章的震撼力。

的“壮举”！自然，我很严厉地批评了安安。责备她如何不理解妈妈，让妈妈为她的学习操心。并再次撒了个谎，说我又要出差，根本抽不出时间回来看她。她哭了，很委屈地哭了。她呜咽着说："我错了。其实，我又撒了个谎，本来，我是想考个70分的，可我还是考了97分。我只是想见到妈妈才撒谎的。我保证以后再也不叫妈妈操心了……”

一连五天，我每晚都等待着安安的电话，第六天深夜两点，电话机突然急促地响起来。是一个男子尴尬而迟疑的声音："请问……对不起……我是安安的爸爸。孩子病了，发高烧，说胡话……一个劲儿要给妈妈打电话……我知道这样太冒昧，我们素不相识……可是，我不知道安安怎么牢牢地记着您这个电话号码……她说，还有几天……几天，11月13日……她要过生日……她说，她希望见到妈妈……”我的心陡然揪起来："安安她，她怎样了？告诉我，你们究竟是一种怎样的状况？为什么……为什么她妈妈不在身边？”电话那端突然压低了声量："请，请您别着急，安安患的是肺炎，情况已经好转。我们的事情以后再告诉您。只是，我……我对不起孩子。”⑨我说："别说了，让安安接电话。”“妈——

⑨ 一系列省略号使用，是一位父亲在这种情况下不知所措时内心痛苦的表现。

妈——!”一声期待已久的的呼喊把我的心喊碎了。“妈妈,我病了,在医院。别的孩子都有妈妈,打针还哭。我很坚强,只是想,想妈妈来陪陪我。妈妈,你能回来看我吗?”我的喉咙哽住了。半响,我才结巴巴地说出一句:“好孩子……我……妈妈一定回来看你。”我决定在安安生日的那一天,买一大堆礼物送给她。

11月13日,星期四的下午,[10]我买了一大盒巧克力,用精美的彩纸包好,上面写着:祝我心爱的小安安生日快乐!我来到安安就读的小学,找到了她的班主任杨玉霞老师。我说明来意,也说了我和安安的电话奇缘,整个办公室一片静穆。杨老师告诉我:黄莹同学是她最疼爱的学生。不仅学习成绩好,人也懂事。不幸的是在两岁那年,她妈妈由一位亲戚担保去美国留学,本来讲好一年后再把丈夫和女儿也办过去的,但两年后她却提出了离婚。此后,黄莹的处境变得令人心酸,她的父亲因此变得情绪低落,酗酒,不管孩子,几次家长会都不见人影。黄莹完全凭着自己的毅力学习,没有人指导她,她自觉、发愤学习,真是少见的女孩儿。杨老师抽出一个作文本递给我。这是一篇字迹娟秀的作文。题目是《我的妈妈》:“……我没有见过我的妈妈,爸爸说她去了很远很远的地方。但我能经常在电话里听到她的声音,她的声音很甜很甜,比鞠萍

⑩ 这是一篇按时间顺序展开的记事文章,时间线索脉络分明。

姐姐的声音还好听。我想我的妈妈一定很美,一定比苏雅的妈妈还美。她说她会从很远的地方回来看我。她还说我是世界上最懂事的女孩子。我有一个愿望,这个愿望只能告诉杨老师:就是有一天我的妈妈能在我的作业本上签名,能看见我在艺术团的表演,妈妈一定会高兴的……"读着读着,我的视线模糊了。我对杨老师说:"请你找出安安所有的作业本,我全给签上字。"我在那篇作文后面,写下了一段批语:"女儿,你的作文写得棒极了,妈妈看了心里都流了泪。好孩子,你一定要相信,妈妈时时刻刻都在你身旁。你的生日,妈妈送你一盒巧克力,这是对你最好的奖励。明年你的生日,妈妈会来到你的身旁。"

我不知道,我这样做能不能带给孩子一些慰藉,但我发誓在以后的日子里,我会尽力把那份温馨的母爱一点一滴渗透到孩子的心灵中去。⑪

⑪ 结尾收束,流露真情,令人感动。

例文二

青木瓜之味

大约是2000年初春的一个星期天下午，我去邮局发信。①就在快到邮局的时候，②一个年轻的女子和我擦肩而过。忽然，她停住脚步，回头看了我一眼。那眼神很亲切，也有些意外的惊奇，仿佛认出了一个熟人而与之意外相逢。那眼神闹得我以为真的碰见了什么认识的人，便也禁不住停住了脚步，看了她一眼③：年龄不大，也就二十出头，模样清爽，中等身材。看她的装扮，初春时节还穿着一件臃肿的棉衣，就猜得出是一个外地人，大概是打工妹。我仔细地想了想，从来没有见过这么个人，她肯定是认错了人。于是，④我暗笑自己的自做多情，向邮局走去。

我走了没几步，⑤她从后面跑了过来，跑到我的面前，这让我很吃惊，不知碰见了什么人。只听见她用南方人那种软绵的声音仔细而小心翼翼地问："你是不是肖复兴老师？"我越发惊讶，她居然叫出了我的名字，我木讷地站在那里，近乎机械地点了点头。她一下子显得很兴奋，接着说：⑥"刚才你迎面向我走来，我看着你就像，我读中学时就看过你写的书，你和书上的照片很像。真没有想到怎么这么巧，今天在这里

写法注释

① 开头交代事情发生的时间和起因，这是写事记叙文的一种开头方法。也可以直接点出事情的意义，如："在中国留学的日子里，我经历了很多事情，但有一件我至今仍记忆犹新，它使我懂得了……"。

② "就在……的时候"写时间的推移，在前后句子间起承接作用，引出相关的人物，下面是事件的展开。

③ 这三个分句是承接关系。"便"是关联词。

④ "于是"承接前面的想法和后面的行动。因为是对事情前后发展的客观描写，不能用"因此"替换。

⑤ 承接上文，写事件的进一步发展。

⑥ "接着"承接前后动作。

遇见了你！”

原来是一位读者，⑦大概她这番热情的话，很能够满足我的虚荣心，尤其是听她说她喜欢我写的一些东西，特别是说她读中学的时候读我写的东西对她有帮助，一直忘不了……我就像小学生爱听表扬似的，立刻有些发晕，找不着北了，站在街头和她聊了起来。

⑦ 交代原委，承接上文。

从她那话语中，我渐渐地听明白了，她从小在南方农村长大，中学毕业，没有考上大学，家里生活困难，就跟着乡亲来到北京打工。住的地方离我家不算太远，要走半个小时左右。今天星期天休息，她是刚刚到邮局给家里寄钱，并发了一封平安家信。虽是萍水相逢，只是些家常话，却让我感到她像是在掏心窝子，一下子竟有些感动，我指着马路对面我家住的楼对她说：“我家就住在那里，你有空，欢迎你到我家做客。”说着⑧，把地址写给了她。她高兴地说：“太好了，我一定去。”

⑧ “说着”承接前面的句子。

回到家后，⑨我就把这件事当作喜帖子，向家人讲了，不想立刻遭到全家一盆冷水浇头，纷纷说我，“你以为你遇到了知己呢？别是个骗子吧？”“可不是，现在骗子可多着呢？”“什么？你还把咱家的地址告诉了人家？你傻不傻呀？你就等着人家上门来骗你吧！”

⑨ “……后”表时间，连接前后两个段落，交代事件的进一步发展。

一下子,说得我发蒙。一再回忆街头和那个女子的相遇和交谈,不像骗子呀,再说,她肯定是读过我写的书,要不也说不出书名呀。但家里人说得也没有错,高明的骗子越来越多,防不胜防。这么一想,心里连连后悔,而且不禁有些发虚。一连好几天,都有些提心吊胆。

好在一连好多天过去了,都平安无事。时间一长,这件事情渐渐淡忘了。

将近一年过去了,⑩春节过后的一天,我们全家从天津过完年回家,刚上电梯,开电梯的老太太对我说:"你先等我一会儿,前两天有个年轻女子来找你,你没在家,把带来的东西放在我那儿了。"不一会儿,就拿来一包用废报纸包着的东西。回家打开包一看,是两个青青的木瓜。木瓜的旁边有一张小纸条,上面写着几行小字,落款是"你的一个读者"。全家人都愣在那里,谁都说不出一句话来。

这件事虽已过去了好几年,但我怎么也忘不了这个年轻而真诚的女子,忘不了这件事情,忘不了这两个木瓜。总记得切开木瓜时的样子,别看皮那样青,里面却是红红的,格外鲜艳,特别是那独有的清香,在房间里飘荡着,好多天没有散去。⑪

⑩ 写时间的推移,承接前后段落,继续交代事件的发展和结果。

⑪ 结尾由叙述过渡到议论,点题。这是写事记叙文常用的一种结尾方法。

生 词

稚嫩	zhìnèn
战栗	zhànlì
温馨	wēnxīn
娟秀	juānxiù
清爽	qīngshuǎng
臃肿	yōngzhǒng
打工妹	dǎgōngmèi
越发	yuèfā
自作多情	zì zuò duōqíng
木讷	mùnè
机械	jīxiè
发晕	fāyūn
找不着北	zhǎo bu zháo běi
萍水相逢	píngshuǐ xiāngféng
掏心窝子	tāo xīnwōzi
喜帖子	xǐtiězi
防不胜防	fáng bú shèng fáng
提心吊胆	tí xīn diào dǎn

例文结构模板

□□□□□□□

□□□

大约是□□□□年□□的一个□□,我去□□□□□。①就在□□□□□□□的时候,一个□□□□□□□,忽然,他□□□□□□□。②原来是□□□□□□□。

我□□□□□□□□□,□□□□□。□□□□□□□□□□□□□□□□□。③□□□后,④我□□□□□□□□□,□□□□□□□□。

□□□□□□,他□□□□□□□,□□□□□□□。□□这件事虽已过去了□年,但我怎么也忘不了这个□□□,忘不了这件事情。总记得□□□□□,特别是□□□□□,□□□□□□□。⑤

模板格式说明

① 开头写事情发生的时间。

② 写事情发生的地点和相关人物。写事情的进一步发展。按照时间的顺序接着写事情的发展。

③ 写"我"和"他"的语言和行为。

④ 写时间的推移,事情的发展。

⑤ 写这件事的对"我"的影响。

练习

一 照猫画虎

1. 完成下列短文。

大约是________的一个中午,我正在家里____________,突然电话铃响了,我__________,里面________一个陌生而粗暴的声音:"你的孩子偷书,被我们抓住了,你快来啊!"

我回头望了望正在学习的唯一的女儿,心中立刻明白了,肯定是有一个女孩儿因为偷书被抓住,而又不肯让家里人知道,所以胡扯了一个电话号码,却碰巧打到这里。我想放下电话不理,甚至想斥责对方,但通过电话,我隐约设想出,那是一个一念之差的小女孩儿,现在一定又惊惶又害怕正面临着也许是人生中最尴尬的境地。之后,我问清了书店的地址,匆忙赶去。

正如我________,书店里站着一个满脸泪痕的小女孩儿,旁边的大人们正恶狠狠地斥责着。我________,把那个可怜的小女孩儿搂在怀里,转身对旁边的店员说:"__________,有什么事跟我说吧。"交清了罚款后,我领着这个小女孩儿走出了书店。

一晃十几年____________。一天中午,门外响起了一阵敲门声。我________,一位陌生女孩儿站在面前,满脸笑容,手里还拎着礼物。__________后,激动地说了一大堆话。从____________中,我才恍然明白,原来她就是__________,已经大学毕业,现在特意来看望我。

2. 根据模板提示,写一件你难忘的事。交代事件发生的时间、地点、人物、起因、经过和结果。

第五课 人物记叙(一) Narration of Characters (Ⅰ)

Basic principles and aims 要点提示

1. 写作要点:写人记叙文模式,注意典型细节描写、富有个性的肖像描写。
2. 语言要点:句内、句子间的转折关系;语言生动、平实。

例文一

我的老师①

李致远先生是我文学上的启蒙老师。他大概三十岁左右,可看上去就像年近四十。他总是咳嗽,有的同学说他当了那么多年小学教师,天天站在黑板前,吸了太多的粉笔灰,因此得了肺病。他脸色阴郁,戴着一幅老式深度近视眼镜,透过厚厚的镜片,那两只眼睛总是神经质地睁得大大的,好像随时随地要拍案而起大声疾呼的样子。只是在几声咳嗽过后,眼睛里那一缕升腾的火焰似乎又熄灭下去了。②

我是从另一个大城市转学到那个学校的,而且也只读了半年就毕业了。李先生是我们的国文老师。说实话,我当小学生时作文成绩是很

写法注释

① 写人记叙文以人物为主要叙述对象,通过对人物的肖像、语言、行为、心理等方面的描写,反映人物的思想性格。

② 这是一段肖像描写。肖像描写就是描写人物外形——容貌、神情、姿态、服饰等。

差的。有一回还得到某老师触目的红笔批语：“文不对题”！颇有大喝一声以示训诫之意。不过③这并不影响我对文学的爱好。开始我随同可爱的木偶匹诺曹经历了种种奇遇，随后又钻进《西游记》、《水浒传》和《三国演义》迷人的世界里。到了李先生的课堂上，我不胜奇怪，从第一堂作文课到期终的考试，仿佛一次又一次的奇遇，我的作文忽然就变得优秀起来，几乎每篇都名列第一。有几次，李先生还在课堂上当众朗读我的作文，还不时即席讲述一番，详细分析为什么要赞扬，这时他那消瘦的脸上就泛起兴奋的红光。倘若有用辞不当之处，哪怕一个错误的标点符号，他那深度的近视眼也不会放过，他于是稍稍停顿片刻，向我投来逼人的目光。那闪闪发光的视线里既有严格的要求，也有热烈的期望。④

在李先生的教诲下，我度过了我的小学时代。

③ “不过”表示程度轻微的转折关系，这样的关联词还有“倒”，如“报酬多了，他倒不干了。”“……随后……”分句之间是承接关系。

④ 这一段主要写人物的行为，表现人物的精神特征。

例文二

冬儿姑娘

冰心

①“是呵，谢谢您，我喜，您也喜，大家同喜！太太，您比在北海养病，我陪着您的时候，气色好多了，脸上也显着丰满！日子过的多么快，一转眼又是一年了。提起我们的冬儿，可是有了主儿了，我们的姑爷在清华园当茶役，这年下就要娶。姑爷岁数也不大，家里也没有什么人。可是您说的‘大喜’，我也不为自己享福，看着她有了归着，心里就踏实了，也不枉我吃了十五年的苦。②

“说起来真像故事上的话，您知道那年庆王爷出殡，……那是哪一年？……我们冬儿她爸爸在海淀大街上看热闹，这么一会儿的工夫就丢了。那天我们两个人倒是拌过嘴，我还当是他赌气进城去了呢，也没找他。过了一天，两天，三天，还不来，我才慌了，满处价问，满处价打听，也没个影儿。也求过神，问过卜，后来一个算命的，算出说他是往西南方去了，有个女人绊住他，也许过了年会回来的。我稍微放点心，我想，他又不是小孩子，又是本地人，哪能说丢就丢了呢，没想到……如今已是十五年了！③

“那时候我们的冬儿才四岁。她是‘立冬’那

写法注释

① 本文形式新颖，由冬儿母亲的谈话构建全篇，口语化是本文风格。

② “主儿”、“年下”、“归着”等词是典型的北京方言，用在这里生动、活泼、充满生活气息，符合冬儿母亲的口吻。

③ “如今已是十五年了”，感叹时间飞逝的同时，更多的是诉说对亲人的思念。

天生的,我们就这么一个孩子。她爸爸本来在内务府当差,什么杂事都能做,糊个棚呀干点什么的,也都有碗饭吃。自从前清一没有了,我们就没了落儿了。我们十几年的夫妻,没红过脸,到了那时实在穷了,才有时急得彼此抱怨几句,谁知道这就把他逼走了呢?④

④ 是对冬儿身世、家庭背景的勾勒。

"我抱着冬儿哭了三整夜,我哥哥就来了,说:'你跟我回去,我养活着你。'太太,您知道,我哥哥家那些个孩子,再加上我,还带着冬儿,我嫂子嘴里不说,心里还能喜欢么?我说:'不用了,说不定你妹夫他什么时候也许就回来,冬儿也不小了,我自己想想法子看。'我把他回走了。以后您猜怎么着,您知道圆明园里那些大柱子,台阶儿的大汉白玉,那时都有米铺里雇人来把它砸碎了,掺在米里,好添分量,多卖钱。我那时就天天坐在那漫荒野地里砸石头。一边砸着石头,一边流眼泪。冬天的风一吹,眼泪都冻在脸上。回家去,冬儿自己爬在炕上玩,有时从炕上掉下来,就躺在地下哭。看见我,她哭,我也哭,我那时哪一天不是眼泪拌着饭吃的!⑤

⑤ 细节描写,感人至深。

"去年北海不是在'霜降'那天下的雪么?我们冬儿给我送棉袄来了,太太您记得?傻大黑粗的,眼梢有点往上吊着?这孩子可是利害,从小就是大男孩似的,一直到大也没改。四五岁的时候,就满街上和人抓子儿,押摊,要钱,输了就打人,骂人,一街上的孩子都怕她!可是有一样,虽然蛮,她还讲理。还有一样,也还孝顺,我说什么,她听什么,我呢,只有她一个,也轻易不说她。⑥

“她常说:‘妈,我爸爸撇下咱们娘儿俩走了,你还想他呢?你就靠着我得了。我卖鸡子,卖柿子,卖萝卜,养活着你,咱们娘儿俩厮守着,不比有他的时候还强么?你一天里淌眼抹泪的,当的了什么呀?’真的,她从八九岁就会卖鸡子,上清河贩鸡子去,来回十七八里地,挑着小挑子,跑的比大人还快。她不打价,说多少钱就多少钱,人和她打价,她挑起挑儿就走,头也不回。可是价钱也公道,海淀这街上,谁不是买她的?还有一样,买了别人的,她就不依,就骂。⑦

“不卖鸡子的时候,她就卖柿子,花生。说起来还有可笑的事呢,您知道西苑常驻兵,这些小贩子就怕大兵,卖不到钱还不算,还常捱打受骂的。她就不怕大兵,一早晨就挑着柿子什么的,一直往西苑去,坐在那操场边上,专卖给大兵。一个大钱也没让那些大兵欠过。大兵凶,她更凶,凶的人家反笑了,倒都让着她。等会儿她卖

⑥ 本文的叙述视角是冬儿母亲,冬儿性格由她说出,真实自然。

⑦ 作品刻画人物丰满,描写她蛮、倔的一面,也写她讲理、公道的一面。

够了，说走就走，人家要买她也不给。那一次不是大兵追上门来了？我在院子里洗衣裳，她前脚进门，后脚就有两个大兵追着，吓得我们一跳，我们一院子里住着的人，都往屋里跑，大兵直笑直嚷着说：'冬儿姑娘，冬儿姑娘，再卖给我们两个柿子。'她回头把挑儿一放，两只手往腰上一叉说："不卖给你，偏不卖给你，买东西就买东西，谁和你们嘻皮笑脸的！你们趁早给我走！'我吓得直哆嗦！谁知道那两个大兵倒笑着走了。您瞧这孩子的胆！⑧

⑧ 从小贩子的挨打受骂，反衬冬儿胆大、自尊而又有分寸。

"那一年她有十二三岁，张宗昌败下来了，他的兵就驻在海淀一带。这张宗昌的兵可穷着呢，一个个要饭的似的，袜子鞋都不全，得着人家儿就拍门进去，翻箱倒柜的，还管是住着就不走了。海淀这一带有点钱的都跑了，大姑娘小媳妇儿的，也都走空了。我是又穷又老，也就没走，我哥哥说：'冬儿倒是往城里躲躲罢。'您猜她说什么，她说：'大舅舅，您别怕，我妈不走，我也不走，他们吃不了我，我还要吃他们呢！'可不是她还吃上大兵么？她跟他们后头走队唱歌的，跟他们混得熟极了，她哪一天不吃着他们那大笼屉里蒸的大窝窝头？⑨

⑨ 选取典型事例，进一步铺叙冬儿的胆大、聪慧。

"有一次也闯下祸——那年她是十六岁

了，——有几个大兵从西直门往西苑拉草料，她叫人家把草料卸在我们后院里，她答应晚上请人家喝酒。我是一点也不知道，她在那天下午就躲开了。晚上那几个大兵来了，吓得我要死！知道冬儿溜了，他们恨极了，拿着马鞭子在海淀街上找了她三天。后来亏得那一营兵开走了，才算没有事。

“冬儿是躲到她姨儿，我妹妹家去了。⑩我的妹妹家住在蓝旗，有个菜园子，也有几口猪，还开个小杂货铺。那次冬儿回来了，我就说：‘姑娘你岁数也不小了，整天价和大兵捣乱，不但我担惊受怕，别人看着也不像一回事，你说是不是？你倒是先住在你姨儿家去，给她帮帮忙，学点粗活，日后自然都有用处……’她倒是不刁难，笑嘻嘻的就走了。⑪

“后来，我妹妹来说：‘冬儿倒是真能干，真有力气。浇菜，喂猪，天天一清早上西直门取货，回来还来得及做饭。做事是又快又好，就是有一样，脾气太大！稍微的说她一句，她就要回家。’真的，她在她姨儿家住不上半年就回来过好几次，每次都是我劝着她走的，不过她不在家，我也有想她的时候。那一回我们后院种的几棵老玉米，刚熟，就让人拔去了，我也没追究。冬儿回来知道了，就不答应说：‘我不在家，你们就欺负

⑩ 虽然没有写对方的谈话，读者分明已感受到对方关切的询问，所以这句话并不突兀。

⑪ 生活化的语言，简短、自然、随意、平实。

我妈了！谁拔了我的老玉米，快出来认了没事，不然，谁吃了谁嘴上长疔！'⑫她坐在门槛上直直骂了一下午，末后有个街坊老太太出来笑着认了，说：'姑娘别骂了，是我拔的，也是闹着玩。'这时冬儿倒也笑了说：'您吃了就告诉我妈一声，还能不让您吃吗？明人不做暗事，您这样叫我们小孩子瞧着也不好！'一边说着，这才站起来，又往她姨儿家里跑。⑬

⑫"拔""快""长疔"这些词出神入化，活画出冬儿泼辣的性格。

⑬这一段着重描写冬儿的能干、懂事。

"我妹妹没有儿女。我妹夫就会要钱，不做事。冬儿到他们家，也学会了打牌，白天做活，晚上就打牌，也有一两块钱的输赢。她打牌是许赢不许输，输了就骂。可是她打的还好，输的时候少，不然，我的这点儿亲戚，都让她给骂断了！⑭

⑭明贬实褒，是母亲对孩子发自内心的喜爱与欣赏。

"在我妹妹家两年，我就把她叫回来了，那就是去年，我跟您到北海去，叫她回来看家。我不在家，她也不做活，整天里自己做了饭吃了，就把门锁上，出去打牌。我听见了，心里就不痛快。您从北海一回来，我就赶紧回家去，说了她几次，勾起胃口疼来，就躺下了。我妹妹来了，给我请了个瞧香的，来看了一次，她说是因为我那年为冬儿她爸爸许的愿，没有还，神仙就罚我病了。冬儿在旁边听着，一声儿也没言语。谁知道她后脚就跟了香头去，把人家家里神仙牌位一顿都砸了,一边还骂着说:‘还什么愿!我爸爸回来了么?就还愿!我砸了他的牌位,他敢罚我病了,我才服!’大家死劝着,她才一边骂着,走了回来。我妹妹和我知道了,又气,又害怕,又不敢去见香头。谁知后来我倒也好了,她也没有什么。真是,‘神鬼怕恶人’……⑮

“我哥哥来了,说:‘冬儿年纪也不小了,赶紧给她找个婆家罢,“恶事传千里”,她的厉害名儿太出远了,将来没人敢要!’其实我也早留心了,不过总是高不成低不就的。有个公公婆婆的,我又不敢答应,将来总是麻烦,人家哪能像我似的,什么都让着她?那一次有人给提过亲,家里也没有大人,孩子也好,就是时辰不对,说是犯克。那天我合婚去了,她也知道,我去了回来,她正坐在家里等我,看见我就问:‘合了没有?’我说:‘合了,什么都好,就是那头命硬,说是克丈母娘。’她就说:‘那可不能做!’一边说着又拿起钱来,出去打牌去了。我又气,又心疼。这会儿的姑娘都脸大,说话没羞没臊的!⑯

“这次总算停当了,我也是一块石头落了地!

“谢谢您,您又给这许多钱,我先替冬儿谢谢您了!等办过了事,我再带他们来磕头。……

⑮ 砸神仙牌位一事,意在描写冬儿不惧鬼神、勇敢叛逆的一面。

⑯ 本文不吝笔墨,刻画了冬儿的多重侧面,这一段突出她的孝顺。

您自己也快好好的保养着,刚好别太劳动了,重复了可不是玩儿的！我走了,您,再见。”⑰

一九三三年十一月二十八日夜。

本篇选自1934年1月1日《文学季刊》创刊号

⑰ 以告别语结束,首尾完整。

生 词

启蒙	qǐméng
神经质	shénjīngzhì
拍案而起	pāi'àn ér qǐ
大声疾呼	dàshēng jíhū
丰满	fēngmǎn
踏实	tāshi
厮守	sīshǒu

例文结构模板

我的□□

□□□

□□是我的□□,在我所有的□□中,我最不能忘记的就是他。①□□大概□□岁,身材□□□,□□□脸,一双□□的眼睛,□□□□。②

□□□□□□□□,□□□□。□□□□□。□□□□□,□□□□□。□□□□□□□□□□□□□□□,□□□□□□□□□。③

□□□□□□□□□,□□□□。□□□□□。□□□□□,□□□。④

写人记叙文一般按下面的模式

【开头】

1. 概括叙述我和要写的人的关系,重点介绍要写的人,一般先写他的肖像。

2. 概括他的精神特质，也就是主题。如“他是我的启蒙老师”，“他是一位勤奋的好同学”。一般写自己熟悉的人：老师或者同学、亲友。

【中间】

写一件事：从开头、发展到结尾，细致叙述和描写，在发展的高潮部分最好点出主题。

写几件事：每件事即每层次前，可以用对该人精神特质的一个因素领起。

以对该人的感情体验及整体议论来贯穿几件事。

【结尾】

1. 重申特质，照应开头。

2. 深化感情关系，发出感慨。

模板格式说明

① 开头概括叙述自己和要写的人物之间的关系。

② 描写人物肖像，选择反映人物性格特征的方面。

③ 写人物的语言、行为等反映人物性格和精神特征。

④ 结尾。

练习

一 照猫画虎

根据肖像描写的知识完成下面的短文。

1. 他的＿＿＿＿＿＿是黄里带白，瘦得叫人担心，＿＿＿＿＿＿大病新愈的人，但是＿＿＿＿＿＿很好，没有一点颓唐的样子。＿＿＿＿＿＿约摸一寸长，原是瓦片头，显然好久没剪了，却一根一根精神抖擞地直竖着。胡须很打眼，好像浓墨写的隶体“一”字。

2. 这是对孪生小姑娘，一样＿＿＿＿＿＿的眉毛，一样挺直的＿＿＿＿＿＿，一样＿＿＿＿＿＿而充满灵性的眼睛。那位妈妈还特意给她们打扮得一模一样：天蓝与雪白相间的＿＿＿＿＿＿，各自的名字用粉红丝线绣在左边小兜上，蓝色的小凉鞋，还有齐耳＿＿＿＿＿＿上面都用蓝白相间的丝带扎成了一朵别致的小花，这同一模子塑出的一对小天使，纯净而无邪，但细看却并不相同；其中一个的左眼角下有颗小痣，她眼里隐约可见一丝忧郁，使人疑心那痣是随时可掉下来的眼泪；另一个，则嘴角边总有个笑影，仿佛从来就不知忧虑为何物。

二 病例诊断

根据所学知识,分析下列短文中的毛病。

外语学院新来了一位老师,看起来最多三十岁,高高个子,瘦瘦,瓜子的脸。两只眼睛特别水汪汪,十分漂亮极了。

三 描写一个你熟悉的人的肖像

第六课 人物记叙（二）

Narration of Characters (II)

Basic principles and aims 要点提示

1. 写作要点：环境的渲染、典型事件的描绘。

2. 语言要点：语言自然连贯、简单流畅；句内或句子间的并列、递进关系。

例文一

疯 娘

23年前，有个年轻的女子流落到我们村，蓬头垢面，见人就傻笑，且毫不避讳地当众小便。因此，村里的媳妇们常对着那女子吐口水，有的媳妇还上前踹几脚，叫她“滚远些”。可她就是不走，依然傻笑着在村里转悠。①那时，我父亲已有35岁。他在石料场子干活被机器绞断了左手，又因家穷，一直没娶媳妇。奶奶见那女子还有几分姿色，就动了心思，决定收下她给我父亲做媳妇，等她给我家“续上香火”后，再把她撵走。父亲虽老大不情愿，但看着家里这番光景，咬咬牙还是答应了。②结果，父亲一分未花，就当了新郎。

写法注释

① 正面描写她的表情、举止及他人的反应，交代她的身份——傻子。“可…… 依然……”给后来事件的发展留下了悬念。

② “咬咬牙”三个字写出内心的痛苦与无奈。简要交代出了疯娘嫁给父亲的经过。

娘生下我的时候,奶奶抱着我,瘪着没剩几颗牙的嘴,欣喜地说:"这疯婆娘,还给我生了个带把的孙子。"只是我一生下来,奶奶就把我抱走了,而且从不让娘靠近。

娘一直想抱抱我,多次在奶奶面前吃力地喊:"给,给我……"奶奶没理她。我那么小,像个肉嘟嘟,万一娘失手把我掉在地上怎么办?毕竟,娘是个疯子。每当娘有抱我的请求时,奶奶总瞪起眼睛训她:"你别想抱孩子,我不会给你的。要是我发现你偷抱了他,我就打死你。即使不打死,我也要把你撵走。"奶奶说这话时,没有半点儿含糊的意思。娘听懂了,满脸的惶恐,每次只是远远地看着我。③尽管娘的奶胀得厉害,可我没能吃到娘的半口奶水,是奶奶一匙一匙把我喂大的。奶奶说娘的奶水里有"神经病",要是传染给我就麻烦了。

③"娘听懂了,满脸的惶恐",是一个疯子遭遇母爱时的清醒。平静的叙述中渗透着作者深厚的对于母亲的感情。

那时,我家依然在贫困的泥潭里挣扎。④ 特别是添了娘和我后,家里常常揭不开锅。奶奶决定把娘撵走,因为娘不但在家吃“闲饭”,时不时还惹是生非。

一天,奶奶煮了一大锅饭,亲手给娘添了一大碗,说:“媳妇儿,这个家太穷了,婆婆对不起你。你吃完这碗饭,就去找个富点儿的人家过日子,以后也不准来了,啊?”娘刚扒了一大团饭在口里,听了奶奶下的“逐客令”显得非常吃惊,一团饭就在嘴里凝滞了。娘望着奶奶怀中的我,口齿不清地哀叫:“不,不要……”奶奶猛地沉下脸,拿出威严的家长作风厉声吼道:“你这个疯婆娘,犟什么犟,犟下去没你的好果子吃。你本来就是到处流浪的,我收留了你两年了,你还要怎么样?吃完饭就走,听到没有?”说完奶奶从门后拿出一柄锄,像佘老太君的龙头杖似的往地上重重一磕,“咚”地发出一声响。⑤娘吓了一大跳,怯怯地看着婆婆,又慢慢低下头去看面前的饭碗,有泪水落在白花花的米饭上。

在逼视下,娘突然有个很奇怪的举动,她将碗中的饭分了一大半给另一只空碗,然后可怜巴巴地看着奶奶。⑥

奶奶呆了,原来,娘是向奶奶表示,每餐只

④ 本文的语言朴实而又沉重,而贫穷正是酿成所有人悲剧的根源。“依然”一词省去了很多的笔墨,使文章显得朴实而又简洁。

⑤ 比喻生动形象,而“咚地发出一声响”,这种沉闷的声音,是全文令人压抑的氛围的写照。

⑥ 从“吃惊”到“怯怯”“可怜巴巴”的表情变化,正是傻娘流动的心理路程。

吃半碗饭，只求别赶她走。心仿佛被人狠狠揪了几把，奶奶也是女人，她的强硬态度也是装出来的。奶奶别过头，生生地将热泪憋了回去，然后重新板起了脸说："快吃快吃，吃了快走。在我家你会饿死的。"娘似乎绝望了，连那半碗饭也没吃，踉踉跄跄地出了门，却长时间站在门前不走。奶奶硬着心肠说："你走，你走，不要回头。天底下富裕人家多着呢！"娘反而走拢来，一双手伸向婆婆怀里，原来，娘想抱抱我。⑦奶奶犹豫了一下，还是将襁褓中的我递给了娘。娘第一次将我搂在怀里，咧开嘴笑了，笑得春风满面。奶奶却如临大敌，两手在我身下接着，生怕娘的疯劲一上来，将我像扔垃圾一样丢掉。娘抱我的时间不足三分钟，奶奶便迫不及待地将我夺了过去，然后转身进屋关上了门。

当我懵懵懂懂地晓事时，我才发现，除了我，别的小伙伴都有娘。我找父亲要，找奶奶要，他们说，你娘死了。可小伙伴却告诉我："你娘是疯子，被你奶奶赶走了。"我便找奶奶扯皮，要她还我娘，还骂她是"狼外婆"，甚至将她端给我的饭菜泼了一地。那时我还没有"疯"的概念，只知道非常想念她，她长什么样？还活着吗？没想到，在我六岁那年，离家五年的娘居然回来了。

⑦ 奶奶的热泪、娘的绝望这两个细节，因道出了生活的艰辛与残酷，而令人感动。

那天，几个小伙伴飞也似地跑来报信："小树，快去看，你娘回来了，你的疯娘回来了。"我喜得屁颠屁颠的，撒腿就往外跑，父亲、奶奶随着我也追了出来。这是我有记忆后第一次看到娘。她还是破衣烂衫，头发上还有些枯黄的碎草末，天知道是在哪个草堆里过的夜。⑧娘不敢进家门，却面对着我家，坐在村前稻场的石磙上，手里还拿着个脏兮兮的气球。当我和一群小伙伴站在她面前时，她急切地从我们中间搜寻她的儿子。娘终于盯住我，死死地盯住我，咧着嘴叫我："小树……球……球……"她站起来，不停地扬着手中的气球，讨好地往我怀里塞。我却一个劲儿地往后退。我大失所望，没想到我日思夜想的娘居然是这样一副形象。一个小伙伴在一旁起哄说："小树，你现在知道疯子是什么样了

⑧ 语气充斥着不满与不屑，从这时起作品开始多次描写儿子以她为耻的心理。

吧?就是你娘这样的。"⑨我气愤地对小伙伴说:"她是你娘!你娘才是疯子,你娘才是这个样子。"我扭头就跑了。这个疯娘我不要了。奶奶和父亲却把娘领进了门。当年,奶奶撵走娘后,她的良心受到了拷问,随着一天天衰老,她的心再也硬不起来,所以主动留下了娘,而我老大不乐意,因为娘丢了我的面子。

⑨ 疯与明白的对比描写,是本文叙事的典型手段。本文采取双线描写方式,一方面突出她的神智不清,另一方面描写她见到儿子时的清醒,是为了突出母爱的伟大与不可思议。

我从没给娘好脸色看,从没跟她主动说过话,更没有喊她一声"娘",我们之间的交流是以我"吼"为主,娘是绝不敢顶嘴的。⑩

⑩ 娘在儿子面前的表现,作品中多次提到:"绝不敢顶嘴","怯怯的神态"等,她的卑微,令人心痛。

家里不能白养着娘,奶奶决定训练娘做些杂活。下地劳动时,奶奶就带着娘出去"观摩",说不听话就要挨打。

过了些日子,奶奶以为娘已被自己训练得差不多了,就叫娘单独出去割猪草。没想到,娘只用了半小时就割了两筐"猪草"。奶奶一看,又急又慌,娘割的是人家田里正生浆拔穗的稻谷。⑪奶奶气急败坏地骂她:"疯婆娘谷草不分……"奶奶正想着如何善后时,稻田的主人找来了,竟说是奶奶故意教唆的。

⑪ 刚表现认出儿子时头脑的清醒,霎时又回到傻的状态,作品又陷入到压抑的氛围中。

奶奶火冒三丈,当着人家的面拿出根棒槌,一下敲在娘的后腰上,说:"打死你这个疯婆娘,你给老娘滚远些……"

娘虽疯,疼还是知道的,她一跳一跳地躲着棒槌,口里不停地发出“别、别……”的哀号。最后,人家看不过眼,主动说:“算了,我们不追究了。以后把她看严点就是……” 这场风波平息后,娘歪在地上抽泣着。我鄙夷地对她说:“草和稻子都分不清,你真是个猪。”话音刚落,我的后脑勺挨了一巴掌,是奶奶打的。奶奶瞪着眼骂我:“小兔崽子,你怎么说话的? 再怎么着,她也是你娘啊!”⑫我不屑地嘴一撇:“我没有这样的傻疯娘!”

⑫ 这一细节反映奶奶的良知,人生的不公平,实在是出于生活的无奈。

“嗬,你真是越来越不象话了。看我不打你!”奶奶又举起巴掌,这时只见娘像弹簧一样从地上跳起,横在我和奶奶中间,娘指着自己的头,“打我、打我”地叫着。⑬我懂了,娘是叫奶奶打她,别打我。奶奶举在半空中的手颓然垂下,嘴里喃喃地说道:“这个疯婆娘,心里也知道疼爱自己的孩子啊!”我上学不久,父亲被邻村一位养鱼专业户请去守鱼池,每月能赚50元。娘仍然在奶奶的带领下出门干活,主要是打猪草,她没再惹什么大的乱子。

⑬ 母爱会使她突发奇想。

记得我读小学三年级的一个冬日,天空突然下起了雨,奶奶让娘给我送雨伞。娘可能一路摔了好几跤,浑身像个泥猴似的,她站在教室的窗户旁望着我傻笑，口里还叫："树……伞……"一些同学嘻嘻地笑，我如坐针毡，对娘恨得牙痒痒，恨她不识相，恨她给我丢人，更恨带头起哄的范嘉喜。当他还在夸张地模仿时，我抓起面前的文具盒，猛地向他砸过去，却被范嘉喜躲过了，他冲上前来掐住我的脖子，我俩撕打起来。我个子小，根本不是他的对手，被他轻易压在地上。这时，只听教室外传来"嗷"的一声长啸，娘像个大侠似地飞跑进来，一把抓起范嘉喜，拖到了屋外。⑭都说疯子力气大，真是不假。娘双手将欺负我的范嘉喜举向半空，他吓得哭爹喊娘，一双胖乎乎的小腿在空中乱踢蹬。娘毫不理会，居然将他丢到了学校门口的水塘里，然后一脸漠然地走开了。娘为我闯了大祸，她却像没事似的。在我面前，娘又恢复了一副怯怯的神态，讨好地看着我。

⑭"嗷"、"大侠似地飞跑进来"，语言传神，比喻贴切。

我明白这就是母爱，即使神志不清，母爱也是清醒的，因为她的儿子遭到了别人的欺负。当时我情不自禁地叫了声："娘！"这是我会说话以来第一次喊她。娘浑身一震，久久地看着我，然后像个孩子似的羞红了脸，咧了咧嘴，傻傻地笑了。⑮那天，我们母子俩第一次共撑一把伞回家。我把这事跟奶奶说了，奶奶吓得跌倒在椅子上，连忙请人去把爸爸叫了回来。爸爸刚进屋，一群拿着刀棒的壮年男人闯进我家，不分青红皂白，先将锅碗瓢盆砸了个稀巴烂，家里像发生了九级地震。这都是范嘉喜家请来的人，范父恶狠狠地指着爸爸的鼻子说："我儿子吓出了神经病，现在卫生院躺着。你家要不拿出1000块钱的医药费，我他妈一把火烧了你家的房子。"

1000块？爸爸每月才50块钱啊！看着杀气腾腾的范家人，爸爸的眼睛慢慢烧红了，他用非常恐怖的目光盯着娘，一只手飞快地解下腰间的皮带，劈头盖脸地向娘打去。一下又一下，娘像只惶惶偷生的老鼠，又像一只跑进死胡同的猎物，无助地跳着、躲着，她发出的凄厉声以及皮带抽在她身上发出的那种清脆的声响，我一辈子都忘不了。最后还是派出所所长赶来制止了爸爸施暴的手。派出所的调解结果是，双方互有

⑮"浑身一震""羞红了脸""傻傻地笑"等细节，是作品中少有的温情地描绘。

损失，两不亏欠。谁再闹就抓谁！一帮人走后，爸看看满屋狼藉的锅碗碎片，又看看伤痕累累的娘，他突然将娘搂在怀里痛哭起来，说："疯婆娘，不是我硬要打你，我要不打你，这事下不了地，咱们没钱赔人家啊。这都是家穷惹的祸！"爸又看着我说："树儿，你一定要好好读书考大学。要不，咱们就这样被人欺负一辈子啊！"⑯我懂事地点点头。

⑯ 为后文考上大学作铺垫。

2000年夏，我以优异成绩考上了高中。积劳成疾的奶奶不幸去世，家里的日子更难了。恩施洲的民政局将我家列为特困家庭，每月补助40元钱，我所在的高中也适当减免了我的学杂费，我这才得以继续读下去。

由于是住读，学习又抓得紧，我很少回家。父亲依旧在为50元打工，为我送菜的担子就责无旁贷地落在娘身上。每次总是隔壁的婶婶帮忙为我炒好咸菜，然后交给娘送来。20公里的羊肠山路亏娘牢牢地记了下来，风雨无阻。也真是奇迹，凡是为儿子做的事，娘一点儿也不疯。除了母爱，我无法解释这种现象在医学上应该怎么破译。

2003年4月27日，又是一个星期天，娘来了，不但为我送来了菜，还带来了十几个野鲜桃。我拿起一个,咬了一口,笑着问她:“挺甜的,哪来的?”娘说:“我……我摘的……”没想到娘还会摘野桃,我由衷地表扬她:“娘,您真是越来越能干了。”娘嘿嘿地笑了。

娘临走前,我照例叮嘱她注意安全,娘哦哦地应着。送走娘,我又扎进了高考前最后的复习中。第二天,我正在上课,婶婶匆匆地赶来学校,让老师将我喊出教室。婶婶问我娘送菜来没有,我说送了,她昨天就回去了。婶婶说:“没有,她到现在还没回家。”我心一紧,⑰娘该不会走错道吧?可这条路她走了三年,照理不会错啊。婶婶问:“你娘没说什么?”我说没有,她给我带了十几个野鲜桃哩。婶婶两手一拍:“坏了坏了,可能就坏在这野鲜桃上。”婶婶为我请了假,我们沿着山路往回找,回家的路上确实有几棵野桃树,桃树上稀稀拉拉地挂着几个桃子,因为长在峭壁上才得以保存下来。我们同时发现一棵桃树有枝丫折断的痕迹,树下是百丈深渊。婶婶看了看我说:“我们到峭壁底下去看看吧!”我说,“婶婶你别吓我……”⑱婶婶不由分说,拉着我就往山谷里走……。

娘静静地躺在谷底,周边是一些散落的桃子,她手里还紧紧攥着一个,身上的血早就凝固

⑰ 对情节起暗示作用。“紧”字非常准确地把握住了人物此时内心的复杂心理活动。

⑱ 再次营造悲剧氛围。内心的恐惧、担心以及走向上谷的过程中复杂的内心活动都被省略号代替了。显得简洁而又激发人们的想象力,令人回味。

成了沉重的黑色。我悲痛得五脏俱裂,紧紧地抱住娘,说:“娘啊,我的苦命娘啊,儿悔不该说这桃子甜啊,是儿子要了你的命……娘啊,您活着没享一天福啊……”我将头贴在娘冰凉的脸上,哭得漫山遍野的石头都陪着我落泪……在娘下葬后的第100天,烫金的录取通知书穿过娘所走过的路,穿过那几株野桃树,穿过村前的稻场,径直“飞”进了我的家门。我把这份迟到的书信插在娘冷寂的坟头:“娘, 儿出息了, 您听到了吗? 您可以含笑九泉了! ”⑲

⑲ 结尾处,情深绵绵,回味无穷。

例文二

父亲的鼓点

年逾七旬的父亲在经历了一场生死劫难以后,又搬出了他多年未曾用过的鼓板。①

上个星期天回去,穿过老屋,走过月亮塘,绕过菜园子,就听到一阵久违的鼓点,伴随着阵阵山风悠悠传来。②

那是一种叫人心动的鼓点。

解放初年,父亲是名扬乡里的民办教师。③那时,村小学里集着一群特调皮的孩子。他们最小的十岁,最大的十五六岁,都是一些误了上学年龄的农家少年。从外乡调到村里的一位老教

写法注释

① 开题利落,不落窠臼。

② “悠悠”传达的是是一种温馨恬淡的情调。

③ 从年逾七旬写到解放初年,本文采取倒叙手法。

师，只上了三天课，架在鼻梁上的老花眼镜，就被这群孩子抢了去，脑门还被石头砸了个包。于是，老师卷起铺盖走人。

父亲接任村小学后，很快就把这个单人单校教学点，办成了全乡乃至全县一流的村办小学。这之后，县文教局领导来校听课。不久，父亲被请到县教师培训班讲“公开课”和“示范课”……1958年春，乡辅导员来报喜——县文教局决定调父亲到县城“漕小”任教。

听说父亲要调走，村里人慌了。先是村支书秀伯驮着一袋子米上门看望，言辞恳切地要父亲别走；接着村小学的孩子们，在家长的带领下，闹哄哄地涌到家里挽留。父亲自幼生长在农村，对农家孩子怀有很深的感情。看到乡亲们期待的目光，看到朝夕相处的学生抱着他的双腿哭叫，他心软了，便作出了在今人看来不可理喻的人生抉择：放弃进城，留在山里。乡辅导员听说后，急忙赶到村小学，埋怨父亲“太傻”，说文教局这样调动，就是把父亲当成了公办教师。但父亲并没有意识到“公办”与“民办”有什么不同，还是没有动心。不久，村教学点被撤消，全村学生都到十几里外的“本部”——牛皮地小学读书。这样，父亲再留在村里，就没有道理了。④这年5月的一天，正当父亲打点行李，做好了去“漕小”教书的准备，村支书秀伯气喘吁吁地赶来了。“你不能走，不能走啊！”秀伯双手拦住大门，指着我躺在病床上的奶奶，对我父亲说，“你到县里教书，路那么远，你娘谁来料理？你就忍心让娘一个人在家里受苦？”

④ 不写鼓书反写琐事，使故事更曲折、丰满、好看。

父亲愣住了。我的奶奶方氏早年丧夫，大半生过着逃荒要饭的日子，受过太多的苦难，而致百病缠身，一年中有大半时间穿着肥大的粗布棉袄，⑤冬春两季大半时间卧床。平日里，父亲在教学之余，总要抽空儿帮家里洗衣做饭。如果没有父亲的孝顺和勤快，多病的奶奶也许早就不在人世了。

⑤ 不写身体因病怕冷，而写穿棉袄，非常形象。

面对进城教书的难得机会和白发老母的呻吟，父亲心里十分矛盾。他热爱教书这一行。学生的欢声笑语,常常走进他的梦乡。但他又实在不忍心扔下我百病缠身的奶奶。

"留下来吧!"秀伯是个认准理儿九头黄牛也拉不回的犟汉,不达目的不罢休。他说,村里的集体食堂,就因为缺个会计,一直拖到现在没办。为这,他还挨了乡长的一顿臭骂。他用几乎是哀求的声音对父亲说:"你就看在大伙儿的份上,留下来当食堂的会计吧!大家吃上了饱饭,过上了共产主义日子,谁也忘不了你啊!"村支书比我父亲年长十几岁,算是长辈,父亲一向很尊敬他。听秀伯如此这般的一番诉说,父亲再次心软,就答应了支书的请求,留下来当食堂会计。⑥

乡辅导员见父亲迟迟没有上班,就又赶到家里来找。他劝父亲不能再"傻"了,赶快到县城学校任教,并说如果不赶紧去报到,这一生就再也没有机会执教鞭了。奶奶听说后,也劝父亲去县城教书。于是,父亲又犹豫起来。⑦消息很快传到了秀伯那里。他火急火燎地赶到我家,将正在家里做说客的乡辅导员大骂一顿,并绾起袖子要打架。秀才遇了兵,有理说不清。辅导员本是个斯文人,那见这般架式,吓得连忙夹起皮包一溜烟地走了。

为了留住父亲的心,秀伯绞尽脑汁,煞费苦

⑥ 写出留下来的原因,叙述扎实、细密。

⑦ 想去又不去,不去而又动摇,把矛盾心理写得曲折、深沉。

心。他不知从哪里弄来一本《说岳全传》，郑重其事地送到我家里，双手交给父亲。他说父亲是个文化人，不能荒了书，抽空儿看看，兴许还能学到一些东西。他还特意翻开其中的一页给父亲看。那是"岳母刺字，精忠报国"的一回。他要父亲学岳飞，听母亲的话。支书的用意，父亲当然明白。从此，父亲再也没有动过离开家乡的念头。

但令秀伯和父亲都没有想到的是，一部《说岳全传》，竟打开了父亲的另一种生活。

父亲有着超乎寻常的阅读能力、记忆能力和口头表达能力。几寸厚的《说岳全传》，他只几天就看完了。看过之后，他竟能从头至尾将书中的故事，一段不落地娓娓道来。

那时，大跃进的号角在山村响起，全乡数万人在家乡四山八岭展开"劈山造田"大会战。劳动空隙，人们围坐在一起，听我父亲"谈传"——讲岳飞的故事。许多人听得如痴如醉。老支书秀伯更是每场必到。听到动人处，他常会作惊人之举，或突然跳起来，就地抓起一把铲镐，挥舞着、叫骂着，发誓要"劈死秦桧这个奸臣"；或抱头饮泣，说他这辈子没有血战疆场建功立业，真是"白活了"……。⑧

⑧ 这个秀伯挺出彩，他一次次的挽留父亲的原因，在这里有了合理解释。

当地有位名叫“五代通”的鼓书艺人得知此事,专程赶到劳动工地暗访。听了父亲“谈传”后,当即与父亲结为忘年之交。他把自己的《全唐传》、《封神榜》、《水浒传》、《西游记》等家藏线装书,郑重地传给父亲,要父亲接过鼓板,继承他的“说书”事业。

从此,父亲就开始了民间鼓书艺人的“说书”生活。

父亲说书,有着与当地“说书匠”完全不同的艺术风格。他能根据季节、农事和时事的变化,说正文前来一段精彩的“书帽”。那“书帽”信手拈来,却形象生动,妙趣横生。有的像七言五绝,前后押韵,极富诗意;有的如山东快书,或长或短,朗朗上口。那唱腔,时而像“湖北大鼓”,深长粗犷;时而似黄梅戏曲,明快清新;时而又如京剧唱段,荡气回肠。再就是那错落有致的鼓点,忽高忽低,忽紧忽慢,扣人心弦。夏夜里,劳累了一天的人们,听上一段父亲的鼓书,顿觉心旷神怡,筋舒气爽。⑨

父亲说书风雨无阻,万苦不辞。从60年代担任小队会计开始,直到80年代分田到户,父亲总是保持着“白天干活夜里说书”的习惯,极少耽误农事。虽然白天的农活又苦又累,但对找上门

⑨“那……那……再就是”使文章井然有致,丝毫不乱。

来的乡亲,他都欣然前往。每次赶场,不管刮风下雨,不论路途遥远,他都按时赶到。有时碰着早稻插秧、夏收"双抢"这样的农忙季节,父亲也没有拒绝找上门来的人。记得有年7月底的一天,父亲接下了三亩田的抢割任务。夏日高温,割谷人一般都是夜里下田抢收,白天回家避暑。但这天傍晚,邻村人来找父亲说书。奶奶担心白天割谷中暑,劝我父亲别去。但父亲不忍来者失望,就捎上鼓板去了,直到第二天东方泛起鱼肚白时才归。小队长一大早去看割谷的进度,见父亲刚刚下田,就急着找人支援。早饭后,待到队里的劳力赶来时,汗浸全身的父亲已割完稻子,收起镰刀上岸。

父亲干活,舍命。他说,只有把活儿做扎实了,拿起鼓板才有底气。小队有块田,八亩大的面积。解放初年,家乡就以这块田命名,叫"八斗丘乡"。父亲在他二三十岁的时候,这块田的早稻和晚稻,有几茬都由他一人抢割,并且都是一天一夜割完。每次割完这块田,父亲的双腕半个月不见消肿。为此,父亲成了闻名全县的新闻人物,连续几年参加县里的劳模会,受到县政府表彰。至今,老人还保存着当年的奖状。

父亲说书注重风化。经过几十年的日积月累,父亲已涉及唐、宋、元、明、清等多个朝代的正传野史。一批流传于民间的手抄本小说,也成了父亲说书的内容。这些传统书目,有的歌颂绿林好汉,但封建色彩尘蒙其上;有的针砭官场,但江湖糟粕掺杂其中。父亲说书历来忠实原著,但决不将低级庸俗的东西原原本本地抖落出来。

父亲说书极富感染力。“太阳落山人歇脚,听我唱个扯谎歌。昨日看见个牛生蛋,今日看见个马长角;高山头上鱼生子,急水面上鸟做窠……”几十年过去,八斗丘淹没,小柳河易道,但这段妙趣横生的“书帽”,还留在我的心底。父亲说书,亦诙亦庄,惟妙惟肖,且爱憎分明。对历代“忠臣”,他敬颂有加,鼓板声中饱含着无限热爱;对那些鱼肉百姓的暴君恶吏,他深恶痛绝,说唱中句句含恨,字字带血!书场中,常有人痛

哭憨笑，喜怒失常，引出许多笑话。那时，只要父亲的鼓板一响，村前垸后的男女老少就会争先恐后地云集而来，隔山村听到鼓声也有人携妻带子"呼哧呼哧"地来赶场子。小队的稻场上，常是黑压压的一片。有时稻场的谷堆上、草垛上，都坐满了人，那场面很是壮观。

光荫易逝，岁月难留。转眼，父亲已年过七旬。由于长期劳累，父亲身体过早地衰老了。村里实行"联产承包责任制"后，父亲大病一场，险些丧命。经过抢救，虽然保住了性命，但从此身体受到重创。加之早年头部的旧伤复发，记忆力和口头表达能力已大不如前。至80年代末，父亲的鼓板就很少响起了。⑩

⑩ 文字平凡却又凝重。

但先前听过父亲鼓书的，总忘不了父亲的说唱。有人实在想馋了，就悄悄找上门来。遇到实在推辞不过的来者，父亲就说服家人，又拿起鼓板去赶场子。但这几年，父亲身体每况愈下。特别是前年7月，他因病又险一次。经过医生的全力救治，总算走出死亡的阴影。但此时的父亲，再不是当年那个"白天干活夜里说书"的鼓书艺人了。这一年多来，我时时担心父亲发生不测，常抽身回乡下看看。

猛然听到父亲的鼓点，我不由砰然心动，激

动得热泪盈眶。[11]在离家不远处,我悄然站住。堂屋里,除了母亲,再没有别的听众。鼓板声中,也没有父亲的吟唱。我知道,过早脱落的牙床,日渐加重的哮喘,已经夺去了父亲的歌喉。如今的他,嗓子已经沙哑,说话觉得费力。唯有那颤动的鼓点,还保留着动人的灵性。啊,这就是父亲的声音!这就是凝集着父亲一生至爱的声音!这鼓点,是地层深处的炽热涌动,是对生命价值的无言诉说,是对青春岁月的无限眷恋……。[12]恍惚间,我悟出了这鼓点的韵律。

⑪ 与开篇上个星期天回去照应,结束倒叙。

⑫ 以爱为线,以鼓点为珠,将父亲的生命与鼓书紧紧相连。一个平凡而伟大的老人跃然纸上,栩栩如生。

生词

光景	guāngjǐng
凝滞	níngzhì
懵懵懂懂	měngměng dǒngdǒng
含笑九泉	hánxiào jiǔquán
不可理喻	bù kě lǐ yù
妙趣横生	miàoqù héngshēng
热泪盈眶	rèlèi yíngkuàng
韵律	yùnlǜ

例文结构模板

□□□□□□□□□

□□□

□□有一位□□，他叫□□，□□人。①□□岁的时候，他开始□□□，②他一面□□□□□□，一面□□□□□。为了□□□□□□，他不但□□□□□，而且还□□□□□□。□□年后，他终于□□□□□□□□□□□□□，□□□□□□□□□□。③

□□□以后，他□□□□□□，□□□□□，□□□□□□□□□□□□□□□，□□□□□□□□□□□□□□□。④

模板格式说明

① 交代人物的姓名、身份和生活的时代。

② 通过外貌、语言、行为、心理等方面的描写反映人物的性格。

③ 在写事件的过程中，可以采用并列关系或递进关系的句子。

④ 写他的影响。

练习

一 照猫画虎

用本课学到的写作知识和语言知识完成下列短文。

________有一位伟大的______家，他叫________，________人。________年轻时候，就____________。__________岁那年，他__________。他不但__________，而且________。由于______，他________。______年后，他终于完成了__________。的________在后世影响很大，他被公认为________国________代第一位大____________家。

二 病例诊断

根据学到的知识分析下面短文中的毛病。

病 例 一

在暴风雨后的一个早晨,他来到海边散步。他又走着,又欣赏着海边的景色。无意中他发现,在沙滩的浅水洼里,有许多被暴风雨卷上岸来的小鱼。他们被困在浅水洼里,回不了大海,一些在那一点少得可怜的水里挣扎着,一些从水洼中跳到沙滩上,奄奄一息地等着死去。

病 例 二

毛泽东同志从青年时期就热爱学习。他充分利用一切机会学习。从湖南一师学习的时候,他每天很早就起床,高声朗读英文或古典文学。等天大亮了,同学们都来了,他就回去自己的座位。

不但毛泽东同志抓紧时间读书,而且读得特别认真。凡是他自己的书,遇到重要的地方,他就加圈加点,有时还在空白处写上自己的看法。

第七课 介绍性说明

Exposition of Introduction

Basic principles and aims 要点提示

1. 写作要点:介绍节日及其民俗,注意说明结构。
2. 语言要点:句内或句子间的因果关系和解说关系;语言以准确、生动见长。

例文一

元宵节

农历正月十五日,是中国传统的节日元宵节。在中国,这是个大节日。在汉语里,"元"的意思是"第一,开始的",①正月是农历年的第一个月,②所以也叫元月。③古人称"夜"为"宵",④而正月十五又是一年中第一个月圆之夜,⑤所以称为"元宵节"。⑥

关于元宵节起源的说法很多,⑦但有一个共同之处,⑧即元宵节从汉朝起就产生了。⑨

元宵节的主要活动是悬挂灯火,燃放烟花。在正月十五的夜晚,街道上处处悬挂各式各样的彩灯。彩灯的名目和内容丰富多彩:⑩有中国民间传说故事,如"嫦娥奔月";⑪有深受民众喜

写法注释

①② 这两个分句交代农历正月叫元月的原因,原因有并列的两方面,所以用两个并列分句表达,后面的分句③说结果。①②和③之间是因果关系。

④⑤ 这两个分句交代称"正月十五"为"元宵节"的原因,是并列关系,它们共同和后面分句⑥形成因果关系。

⑦ 这个分句说"关于元宵节起源说法很多",分句⑧没有顺着前面的意思说下去,而是做了转折:"有共同之处",⑦⑧两个分句之间是转折关系。分句⑨是对分句⑧的解释说明,它们之间是解说关系。

⑩ 这个分句是总说"灯的内容丰富"。

⑪⑫⑬ 这三个分句分别从不同方

爱的古代小说故事,如《红楼梦》故事、《水浒传》故事、《西游记》故事等;⑫还有反映当时人们文化生活的。⑬除了悬灯,还燃放烟花。烟花在天空四散,呈现各式各样的图案,使夜空五光十色,美丽无比。这天晚上,人们涌上街头,在月光中游玩、赏灯、看烟花。在中国古代,女人不能随便出门,但在元宵节这天晚上,她们可以自由地上街游玩。

元宵节,民间还有吃元宵的习俗。元宵是元宵节的节日食品,就像春节的年糕、中秋节的月饼一样。元宵由糯米制成,或实心,或带馅。馅有豆沙、白糖、山楂、各类果料等,食用时煮、煎、蒸、炸皆可。起初,人们把这种食物叫"浮圆子",后来又叫"汤团"或"汤圆",这些名称与"团圆"字音相近,取团圆之意,象征全家人团团圆圆,和睦幸福。人们也以此怀念离别的亲人,寄托了对未来生活的美好愿望。

一些地方的元宵节还有"走百病"的习俗,又称"烤百病""散百病",参与者多为妇女。他们结伴而行,或走墙边,或过桥,走郊外,目的是驱病除灾。

随着时间的推移,元宵节的活动越来越多,不少地方节庆时增加了耍龙灯、耍狮子、踩高

面说明前面的分句的内容,与前面的分句⑩是总分式的解说关系。

跷、划旱船、扭秧歌、打太平鼓等传统民俗表演。这个传承已有两千多年的传统节日，不仅盛行于海峡两岸，就是在海外华人的聚居区也年年欢庆不衰。

选自《中国文化杂说》作者：刘方成 有删改

例文二

中秋节

农历的八月十五日，是中国民间的传统节日——中秋节。①这是中国民间最大的传统节日之一，仅次于春节。②按农历划分，七、八、九三个月为秋季，八月十五日正当秋季的正中间，所以称为“中秋”。八月十五的月亮比其他几个月的满月更圆，更明亮。此夜，人们仰望天空的明月，

写法注释

① 介绍节日习俗的文章，开头要写节日的日期，节日的名称。

② 还可以写这个节日在本民族众多节日中的地位。

自然会期盼家人团聚。远在他乡的游子，也借此寄托对故乡和亲人的思念之情。所以，中秋节又称“团圆节”。③中秋节起源于上古时人对月亮的崇拜。中国古代的人对太阳是害怕的，④所以有“后羿射九日”的传说。⑤但是对月亮却不然，⑥他们认为月亮是一位美丽的、温柔的、慈祥的、至高无上的神。因此，古人对月亮就留下了许许多多美妙动人的传说，“嫦娥奔月”就是流传最久、最广的一个。

中秋节最普遍的习俗是祭月和吃月饼。⑦据说此夜月球距地球最近，月亮最大、最亮，所以从古至今都有饮宴赏月的习俗。古时祭月，设大香案，摆上月饼、西瓜、苹果、红枣、李子、葡萄等祭品，其中月饼和西瓜是绝对不能少的。西瓜还要切成莲花的形状。在月下，将月亮神像放在月亮的那个方向，点上红色的大蜡烛，全家人依次拜祭月亮，然后由当家主妇切开团圆月饼。切的人预先算好全家共有多少人，在家的，在外地的，都要算在一起，不能切多也不能切少，大小要一样。如果家里有孕妇，就要多切一份。

许多地方还形成了很多特殊的中秋习俗。如香港的舞火龙、安徽的堆宝塔、广州的树中秋、晋江的烧塔仔、苏州石湖看串月、傣族的拜月、苗族的跳月、侗族的偷月亮菜、高山族的托

③ 写节日名称的由来。可以使用因果关系的单句或复句完成。

④ 这个分句解释说明原因，⑤这个分句写结果，两个分句是因果关系。使用因果关系的关联词要注意：在着重解释说明原因时，用关联词“所以、因为……所以等”，如果客观描述实际情况而不是着重解释原因，通常不用关联词。如：“说话间，车子在半路上熄了火，司机极不情愿地下车修起来。”这句话中的“车子熄火”和“司机下车修”是因果关系，但这是描述客观情况，所以不用关联词。

⑥ 这个句子是对前面句子的转折。关联词是“但是”。使用转折关系的关联词要注意他们的位置，在后面的分句或句子中，连词，如“但是、可是”通常放在分句主语的前边，而副词，如“却”必须放在主语的后边。如⑥中，“但是”和“却”都表示转折，但它们的位置不能互换。

⑦ 重点写节日的习俗活动。

球舞等。

中秋节的习俗很多，形式也各不相同，但都寄托着人们对生活无限的热爱和对美好生活的向往。⑧

选自《中国文化杂说》作者：刘方成，有删改

⑧ 这个句子包含三个分句，"但"表示后面的分句是对前面两个分句意思的转折。"但"是关联词，也可以换成"但是"。

生 词

起源	qǐyuán
汉朝	Hàncháo
悬挂	xuánguà
涌	yǒng
糯米	nuòmǐ
皆可	jiē kě
和睦	hémù
次于	cìyú
游子	yóuzǐ
兴犹未尽	xìng yóu wèi jìn
祭月	jìyuè
设(香案)	shè(xiāng'àn)
香案	xiāng'àn

例文结构模板

□□节

□月□日,是□□民族的传统节日——□□节。[①]这是□□民族节日中□□的一个。[②]因为□月□日□□□,所以称□□节。[③]

□□节起源于□□时期。[④]那时候,□□□□□□。[⑤]

□□节最主要习俗是□□□□□□。[⑥]过去,人们在这天□□□,□□□□□。现在,人们主要□□□□□□,□□□□□□□□□□,□□□□□□□□□。有的地方还有□□,□□,等特殊的习俗。

随着社会的发展,人们观念的更新,□□节的习俗也有所改变,但□□□□□□,□□□□□□□□□□□□□□□□□□□□□□□□□□□。[⑦]

模板格式说明

① 开头写节日的日期和名称。

② 写这个节日的地位。

③ 写节日名称的来由。

④ 写这个节日产生在什么时候。

⑤ 接着也可以简单介绍起源时期的情形。

⑥ 接下来要另起一段写这个节日的主要活动,也就是节日习俗,要详细一些。这是文章最主要的部分,可以分几个自然段写。

⑦ 最后一段可以简要地概括一下节日习俗在世界上的影响或文化意义。

练习

一　照猫画虎

根据所学知识，完成下列短文。

______节

______月____日，是我国的传统节日——________节。这是我国最的节日之一。这一天是______________的日子，所以称为“____________节”。

________节起源于________。那时，____________。

________节的传统习俗是________，也是从古传到今的主要活动。这天，人们先__________，然后__________。________节还有________的习俗。__________。这些习俗表现了人们__________。

二　病例诊断

用学到的知识，分析下面一段话中的毛病。

病例一

在欧洲，圣诞节本来是一个宗教节日，却现在宗教的意思不重要了。过去的圣诞节，一个家庭能聚集很多人，那样的圣诞节现在但是没有了。如今的家庭小了，人们的观念改变了也。

病例二

二年级的学习比一年级有意思，因为二年级有一些专门课，所以我感到新鲜。

病例三

我听到妈妈说要带我去看电影，高兴地说：“太好了，因为我们好久没有去看电影了，所以今天咱们一定去看一次。”

第八课 事物性说明
Exposition of Objects

Basic principles and aims 要点提示

1. 写作要点:事物性说明文(介绍日常用品、名胜古迹或动植物),注意多种说明手法的运用:诠释法、引用法、分类法等。
2. 语言要点:表述客观、准确;大概数目的表示方法(怎样表示大概的数目)。

例文一

"筷子"趣谈

偶尔想起曾经听人说过,在中国,人人具有三种博士资格:拿筷子博士、吹煤头纸博士、嗑瓜子博士。至于吹煤头纸,现在早已销声匿迹了。半个多世纪前,丰子恺老先生曾犀利地调侃国人嗑瓜子之劣迹,把光阴耗在"咯嘣"声中,这不是民族性的衰退吗?难怪老先生要痛心疾首地感慨自己一见瓜子就害怕。①历史写到今天,这种闲散的生活态度已被埋没在高效率快节奏的时代旋律里。唯有筷子,风风雨雨了2000多年,还是经久不衰。"民以食为天",对于国人,筷子是进食的工具,少不得。

写法注释

① 开篇化用丰子恺观点,充斥着反讽的语气。

古时筷子称“箸”，②闽南话到今仍沿用此音。后来，据说是吴人为了避忌“箸”与“住”同音，使行船搁浅，始改“箸”为“筷儿”。也就是船行得快，一帆风顺。汉代筷又称为“挟提”，意思是挟住再提起，这个例子十分形象地道出了筷子的使用功能。当我们的祖先结束了茹毛饮血的野蛮生活后，筷子便与文明一起诞生了。据一位筷子收藏家的资料得知，迄今筷子已有600多种。有商朝的铜筷，春秋时的铁筷、玉制犀头筷等。③到唐朝，筷子还曾被用来象征人的刚直不阿。唐玄宗有一回就曾赐过宰相宋璟一双金箸，说：“非赐汝金，盖赐卿以箸，表卿之直耳。”④这也就是“赐箸表直”的典故。其实最为普遍的还是竹制筷子和木制筷子，还有现代的塑料筷子。它们既不像金属筷子那样笨重，也不及金属筷子名贵，做工简便，易于就地取材。相传，有一种叫做“箸竹”的竹子，产于广西平乐府一带，“其小如箸，坚结如象牙，做箸甚佳。”可见国人对筷子还有一定的讲究。1972年，美国总统尼克松访华时，周总理在人民大会堂举行国宴，使用的是江安竹筷。明知尼克松总统惯于使用刀叉，而总理却安排了筷子，这的确令人纳闷。其实这正是我们总理的良苦用心。他根据筷子的寓意来招

② 作诠释。

③ 分类法

④ 引用典故、古典诗文等，可以增强文章的文艺性、可读性。

待客人,寓意两国和平相处,不动干戈。难怪一位加拿大记者连忙把这双筷子收起来珍藏。⑤

⑤ 举例说明,更具体、更具说服力。

筷子不但有其象征意义,还有其特殊的作用呢!人们所说的"筹算",就是春秋战国时期,用筷子来计算的一种方法。⑥汉代数学名著《九章算术》中也曾提到过利用"筹算"来计算体积和容积。总之"筹"的应用使我国古代的数学达到了很高的水平。但筷子最大的功用是用来吃饭的。"殷勤问竹箸,甘苦尔先尝。滋味他人好,尔空来去忙。"一个民族的传统习惯,常常体现该民族人民的处世特色。就像中国人惯于使用筷子,而西方人善于使用刀叉,从中体现了中国人和西方人在性格上的差异。正如蔡元培先生答西方人问时所说:"中国人从来是崇尚文明,而不尚武力的,从餐桌上就可看出中国人与西方人的区别。"⑦

⑥ 用下定义法。

⑦ 引用名人名言,借以说明文化差异,可信度强。

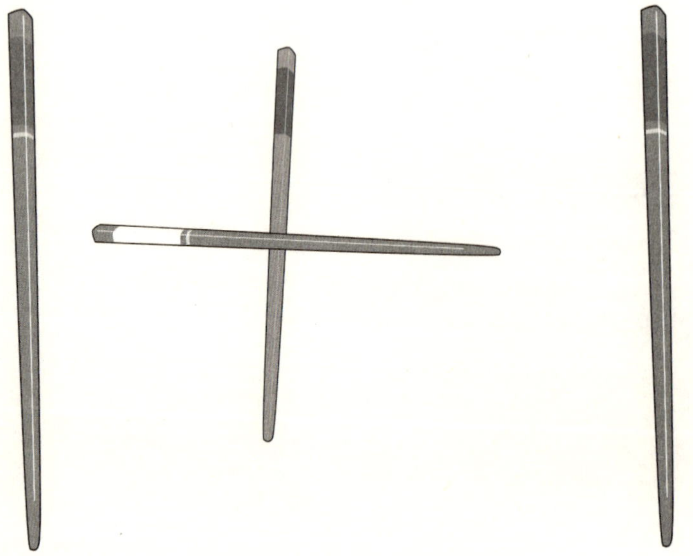

例文二

摘尽枇杷一树金①

唐代杜甫有诗云之:“杨柳枝枝弱，枇杷对对香。”宋代苏东坡也诗云:“客来茶罢空无有，卢橘微黄尚带酸。”② 这里所说的就是枇杷。

枇杷,别称卢橘、金丸,是蔷薇科乔木植物枇杷的果实,果实黄色圆球形,柔甜多汁,甘酸适口,是夏季人们比较喜欢的水果之一。由于它成熟最早,先桃、李、梅登场,因而赢得“初夏鲜果第一枝”美誉。

枇杷为亚热带的常绿果树,原产于我国,在年平均气温12℃以上的地区都能生长。一般在冬季气温不低于–5℃，花期不低于–3℃的气候条件下结果较多。但由于枇杷是冬季开花,气温偏低时容易遭受冻害而影响结果。

这成为枇杷产量的限制性因素。③

枇杷不仅味道鲜美,而且营养丰富,④据中央卫生研究所营养专家分析,每一百克果肉中,含碳水化合物7克、蛋白质0.4克、粗纤维0.8克、钙22毫克、铁0.3毫克、磷36毫克、抗坏血酸3毫克,其胡萝卜素和磷的含量,比荔枝、菠萝、香蕉、柑橘都高。⑤它还含有苦杏仁(B17),仅次于杏仁含量,为防治癌症的特效药。

写法注释

① 以韵体作为标题,醒目形象。

② 以古代诗文开篇，导入正题,增强说明的形象性、趣味性同时,又使文章文采斐然。

③ 文章多次引用数字作为说明方法,准确科学。

④ 用“不仅……而且……”句式,过渡自然。

⑤ 比较方法是说明文常用的方法,突出枇杷的价值。

枇杷果以药用价值高而著称。《本草纲目》说它:"利肺气,止吐逆,清上焦热,润五脏"。[6]枇杷的花、叶、果、皮皆可入药。花开于冬季,色呈白或淡黄,幽香袭人,明代高启诗云:"落叶空林忽有香,疏花吹雪过来墙。"[7]花可止痰止渴、治头痛、伤风。蜜蜂所酿枇杷花之蜜称枇杷蜜,其味香甜醇口,有润肺止咳作用,是蜜中上品。

明代王象晋的《群芳谱》称:"枇杷秋荫,冬天开花,春天结果,初夏果熟,备四时之气,他物无以类者",为此备受历代医学家重视。

枇杷的药用价值那么高,难怪我国的有关研究人员,都积极开展对枇杷的研究工作。我想不用半个世纪,枇杷将会普及世界,医治好所有需要它的病者。[8]

⑥ 本文说明方法丰富多样,此处引用古代典籍作为说明的依据,强调、充实说明的内容,提高文章的可信性和说服力。

⑦ 采用了引用说明法,文中引古代诗文,增强了文章的文学性、可读性。

⑧ 本文结构是并列式,叙述清楚、准确。

生 词

犀利	xīlì
调侃	tiáokǎn
痛心疾首	tòng xīn jí shǒu
刚直不阿	gāngzhí bù ē

例文结构模板

□□□□

□□□

在□□□□，有一□①举世闻名的□□□，叫□□□□。它是□□的时候建造的，到今天已经有□□□□多②年了。③

□□□非常□□。它长□□多米，宽□□米多。④整个□□呈□□形。□□的结构□□，□□□□□□□□□□□□□。这样既□□□□□，又□□□□□□，还□□□□□□。⑤

□□不但□□，而且□□。⑥它的□□上有许多□□：有的□□□□□，有的□□□□，还有的□□□□□□，像□□□一样。

□□是□□智慧的结晶，是宝贵的历史遗产。

模板格式说明

① 根据介绍的事物选择恰当的量词。

② 表示大概的数目要注意“多”的使用规则。

③ 开头一段简要介绍地理位置和历史。

④ 用具体数字说明事物的规模。注意概数的正确表达方法。

⑤ 集中写事物的一个主要特征。

⑥ 用递进复句过渡到写另一个主要特征。

练习

一 照猫画虎

根据本课学到的知识,完成下列短文。

九龙壁

______北海公园,______一______用琉璃砖瓦砌成的影壁。______那精美的造型使前来参观的人们赞叹不已,______就是______的艺术珍品——九龙壁。

九龙壁,高五米,______二十七米______,厚一点二米。在影壁的正反两面,用七色的琉璃砖瓦分别镶嵌(xiāngqiàn)成九______巨龙。

色泽鲜艳,形态各异,像在腾云驾雾,要冲出影壁,飞向天空。你看,一条黄龙和一条紫龙正在戏耍着一个火球,蓝色的和白色的两条龙正翻滚______汹涌澎湃的碧涛之上,穿梭于险峻的山峰之间。再看其他几条龙,也各有各的特色:______气势不凡,______雄姿勃勃,______回首遥望,呼唤同伴……真是妙不可言,美不胜收。

九龙壁是我国劳动人民智慧的______。

二 病例诊断

用学到的知识分析下列句子中的毛病。

我的母校坐于城市的西部,整个校园呈长方形,占地一万六千五百平方米多。

我的母校建于1910年,到现在九十多年。四周是一多米高的栅栏。一进学校的大门,看到的是白色的教学大楼,有二十层多。教学楼的前面是一个广场,后面是一个花坛。东边是办公楼,西边是图书馆。

第九课 程序性说明
Exposition of Procedure

Basic principles and aims
要点提示

1. 写作要点:说明物品的制作方法。注意说明顺序。
2. 语言要点:动词前后的成分(状语和补语);语言清楚、严谨。

例文一

怎样做“拔丝地瓜”①

“拔丝地瓜”是一道风味名菜。它外焦里嫩,香甜可口。在这里,我简单介绍一下它的做法。

第一步是准备原料。把地瓜去皮后切成块,再准备好花生油、砂糖和水。②

第二步是炸地瓜块。首先,把锅加热,干燥后往锅里倒上花生油,倒入的花生油要估计能淹没地瓜块。等油被烧热后(没有油沫,开始冒油烟),把地瓜块倒入锅中,继续加热,等地瓜块炸成金黄色时,用漏勺把地瓜块捞出。③

第三步是熬糖。先往锅中倒入少量花生油,等油被烧热(比炸地瓜的油要稍微凉一些),加入砂糖,并不断搅拌。这一步很关键,油不够热

写法注释

① 这是一篇程序性说明文。程序性说明文主要介绍做某件事的顺序和过程。写这样的文章,要注意把具体做法和过程归纳为几步程序,然后依次说明。说明程序时,语言要准确、简洁、明白,一般不需要议论和抒情,不需要加入个人的感情色彩。

② 介绍说明第一个程序。说明程序时,为了说明得更准确、清楚,动词的后面常常带有补语成分,格式是:动词+补语+(宾语)如“切成块、准备好花生油”,其中的“切、准备”是动词,“成、好”是补语。

③ 说明第二个程序。介绍具体的做法时,动作之间的连接很重要,通常用的句型是:“首先……,等……后,把……,等……时,再把……”。

或过热都会影响这道菜的口味和形象。④

最后一步就是拼盘浇汁。将地瓜块均匀地摆放⑤在盘子中,然后浇上糖汁⑥。再准备一碗凉开水,放在旁边。这样,一道可口的风味菜"拔丝地瓜"便做好了。顺便提醒大家一句:吃时可要先放在凉开水中浸一下⑦,不然会被烫着的。

④ 说明第三个程序。用"先……,等……,……并……,直到……"连接动词。说明程序时,为了说明得准确,动词的前面还常常加形容词、副词等状语成分,如"不断搅拌",用"不断"说明搅拌的方法,更清楚。

⑤ "均匀地摆放",用形容词状语"均匀"说明摆放的要求,更清楚。

⑥"浇上糖汁"也是一个"动词+补语+宾语"结构。类似的还有"洒上盐、抹上盐、抹上鱼子酱、抹上黄油、夹上鸡蛋"等。另外,把"汁"倒在固体上用动词"浇"。

⑦ "浸一下"的"一下"是补语。

例文二

"不倒翁"的制作

朋友们,你们见过有趣的"不倒翁"吗?你想知道怎样制作"不倒翁"的吗?那我告诉你们吧!①

首先把制作"不倒翁"的材料和工具准备齐全。材料是一个比较圆的鸡蛋,或者乒乓球,还有沙子、白纸。工具是剪刀、画笔、蜡烛和一把小刀。这些东西准备好了,就可以开始制作了。②

③先用小刀在鸡蛋的顶部小心翼翼地挖④一个洞,然后把蛋清和蛋黄一点点地倒⑤出来,再把沙子慢慢地放⑥入蛋壳里,接着点燃蜡烛,把蜡滴在沙子的上面。这样做的目的是固定沙子,

写法注释

① 开头也可以用提问的方法引出说明的对象,引起读者的兴趣。

② 制作过程的第一步。先交代清楚需要的材料和工具。

③ 介绍制作过程。要注意交代清楚每一步的动作,还要注意动词之间的连接。常用的句型:
先……,然后……,再……,接着……,最后,……,一个……就做好了。

④ "小心翼翼地挖","小心翼翼"是形容词状语,说明动词"挖"的方式。

⑤⑥ "一点点地倒"和"慢慢地放"结构和④相同。

使它下重上轻，不会倒。最后，把白纸折成帽子的形状，用胶水固定在鸡蛋那个洞的位置，再用画笔在鸡蛋上画两只眼睛，再画一个鼻子和一张嘴巴，一个“不倒翁”就做好了。

例文三

陀螺的制作①

陀螺是小孩子最喜爱的玩具之一。

当陀螺旋转起来时，快得令人只看见一道忽明忽暗的光在打转。转的时间与陀螺的重量有关。太轻了，转几圈就停了，所以陀螺要稍微重一点。光的明暗与陀螺上面的花纹的颜色深浅有关，颜色越深，光越暗。

由于陀螺好玩儿，所以许多小孩儿都有一个，绝大多数是买的。下面我将介绍一种简易陀螺的制作方法，制作出的陀螺不但美观，而且质量好，也由于是自己亲手做的，因而会感到乐趣无穷。②

写法注释

① 这是一篇介绍小制作的说明文。

② 把陀螺和小孩儿紧密联系起来，让人回忆童年的美好时常，读来饶有趣味。

首先拿出一张硬纸板,把硬纸板剪成圆形。③圆形的大小自己可以随意确定,但不宜过大,如果太大,则不易转动,转不了几圈就停下来了。硬纸板剪好后,再在纸板中心用剪刀剪个小孔,直径大约是三毫米,最后把一根小木棍(约50毫米长)④从孔中穿过。木棍粗细要适宜,不能比孔的直径小,否则木棍容易从孔中掉下来;当然也不要比孔大许多,否则不能把它穿入纸板。当木棍穿在纸板上后,再把小木棍一端削尖。纸板大约插在离尖端20毫米处。最后,烧一段蜡烛,让烛油滴在木棍与纸板交接处,使木棍固定在纸板中。⑤这样一个陀螺就做好了,但这时它还不漂亮,转起来还不能出现美丽的光环。如果想得到漂亮的陀螺,那就请你给它穿上彩色艳丽的衣裳。⑥上色的方式多种多样,上的颜色也可按各自的喜爱而选择。下面就介绍一种比较好的上色方法。

首先把陀螺快速旋转起来,要使它转得很稳,就像没有动一样。然后拿出调好的颜料滴上一小滴在陀螺中央。注意,⑦只需一小滴,不要过多;色料要稀,不能太稠。当陀螺停止转动时,可看见它的外表上有着几圈均匀的花纹,像伞骨一般,由中心扩散到边缘。

③ 文章以"陀螺的制作"为中心,以制作的过程为顺序,分别介绍了备料选材、制作安装、着色上彩几道重要工序。

④ 括号起补充说明作用,对一些关键环节,指出了特别值得注意的地方。

⑤ 以先、再、最后等词表明制作顺序。

⑥ 此处是拟人化的说明方法。

⑦ 对一些关键环节,指出了特别值得注意的地方。"注意"二字起到警醒的作用,重点突出。

这时，一个完美无瑕的陀螺做成了。当你轻轻旋转它时，它会轻快地跳着舞，并带着嗡嗡的伴奏声，几圈明暗不同的光环，随着它的转动而闪烁不定。这时，你一定会为自己的杰作感到得意。⑧

⑧ 全文有条有理，重点突出。文章准确、通俗、简洁。结尾处用描述性语言，亲切、生动。

生 词

干燥	gànzào
漏勺	lòusháo
熬	áo
拼盘	pīnpán
浇汁	jiāozhī
浸	jìn
不倒翁	bùdǎowēng
小心翼翼	xiǎoxīn yìyì
滴	dī
杰作	jiézuò

例文结构模板

□□□□

□□□

□□是一道风味名菜,它□□可口,老少皆宜。你知道它是怎样做出来的吗?下面我介绍一下它的制作过程。①

②第一步是□□□□。做这道菜需要的原料和调料是:□□、□□、□□、和□□。

第二步是□□□□。先把□□切成□③,□上□, 然后□□地□□④。等□□以后,再把□□放入□□□□,□分钟后,⑤用□□□把□□□□。这一步很关键,不要□□,否则会□□□□□□□□。

第三步是□□□□。将□□□□□□,然后再□□□□。

最后一步是□□。把□□□。这样,一道□□□□菜就做好了。

模板格式说明

① 介绍做菜的说明文,开头先简要介绍一下这道菜的特点或有关的故事,但不能详细地写。因为它的制作过程才是文章的主体。

② 以下部分分步骤介绍制作程序。

③ 注意动词后面的补语不能丢。

④ 注意动词前的成分。

⑤ 集中写事物的一个主要特征。

练习

一 照猫画虎

1. 按照上面提示的例文结构模板，在下面短文的空缺处填上适当的词语。

怎样制作水果沙拉

水果沙拉颜色鲜艳、味道可口。下面我介绍一种水果沙拉的制作方法。

首先______需要的______：苹果、鸭梨、橘子，香蕉、生菜叶、色拉油、鲜奶油、柠檬汁。

____________以后，就可以开始做了。第一步：____将苹果、鸭梨、橘子和香蕉去皮去籽，______薄片，然后______盛器内搅拌均匀。第二步：把生菜叶洗______，放______一个盘子里，然后把搅拌______的水果片放在生菜叶上。第三______：把鲜奶油、柠檬汁倒入色拉油沙司内，搅拌均匀。最后，把搅拌好的奶油柠檬汁______在水果片上。

本菜特点是色泽鲜艳，香甜爽口，做法简单。水果的种类数量可随个人口味随意增减。做成后立即食用，不宜放置时间过长。

2. 以“我最喜欢的菜——×××”为题目，写一篇介绍它做法的说明文。

参考例文：

我最喜欢的菜——八宝鸭

啊，那诱人的八宝鸭哟！虽不及北京全聚德烤鸭驰名中外，也不及南京板鸭享有盛名，可每当在姥姥家见到它，便忍不住馋得直流口水，总缠着姥姥，指着八宝鸭问这问那。

姥姥对我神秘地一笑：“好吃的东西可不好做啊，八宝鸭得做两天呢！”缠磨的次数多了，渐渐地，我明白了八宝鸭究竟是怎么个做法。做八宝鸭，得准备的材料还真不少哩！要不怎么称得上“八宝”呢?!其实，根据各人的口味不同，“八宝”可以随意而称，当然也就可以做出“九宝鸭”“十宝鸭”了。

首先得准备一只两斤多一些的鸭子，不需太大，可也不能选得太嫩，否则哪禁得起两个小时的火煨啊！其次得准备适量的糯米，淘洗净后，用水浸泡一天，才能取用，要不然烧出的米不是半生不熟，就是硬邦邦，大失口味——这也就是“得做两天”的缘故吧！

接着，还要准备各种肉类、干果。如鸡肉、猪肉、火腿，香菇、栗子、花生、白果。有条件的还可以加些鲜笋、青豆之类的蔬菜点缀一下儿。这些东西都要切成丁，然后掺进糯米中，浇入少许料酒、葱末、姜末等，把它们拌匀。

当然，你若还嫌不够"丰富"，再多添加一些别的什么，也未尝不可。这便是八宝鸭的独到之处：不同于别的菜肴，需要有限定的料来配，只要你有兴趣，或许能"变"出千般、万种滋味呢！

还是先看看那"八宝"吧！瞧，还没制成，就够诱人的。那是多么的绚丽的色彩：红的、绿的、白的、黑的、黄的……仿佛是那夺目的玛瑙、翡翠和宝石夹杂在白闪闪的珍珠里，还不时地飘散出阵阵扑鼻清香。别急，好的还在后头呢！

料配齐，该动手做了。可还真不容易！将洗净的鸭子从后面沿腹部中线剪开一条缝，约二寸半左右，千万不要剪得太长，更不能将"缝"剪成"洞"，否则炖煨的时候，鸭子还未出锅，肚里的"八宝"就全漏锅里了。然后小心地取出内脏，将鸭肚腔洗净，滴干水，再将拌好的"八宝"塞入鸭肚中。可别过于求多，塞得满满的，既不利于缝，也不利于烧熟、煮透。接着，为鸭子"缝好针"。这样，一个完整的、肥肥胖胖的八宝鸭就填成了，一看见那只胀鼓鼓的肚子，就知道里面的"宝"还真不少哩！

最后将鸭子没入锅里，用水煮开，撇去沫，放入葱姜等调料，用小火煨两三个小时，炖出来的八宝鸭才会又香又嫩。不一会儿你就会闻到各种香味：鸭子香、火腿香、香菇香、果子香……到那时，你不流口水才怪呢！

二 病例诊断

下面是一道菜的制作过程说明的一段，根据学到的知识，分析并改正其中的毛病。

先把火腿炒，煎鸡蛋，黄瓜抹盐放一会儿，把它们切成条儿都。接着烫一下菠菜，鲜鱼凉粉倒上酱油炒一炒后也切成条儿。

下一步，把紫菜展开裁成正方形，然后在上面倒一层米饭，再放做好的各种用料在上面，用两只手把紫菜卷圆筒状。

第十课 命题议论（一）
Subject Assigned Analysis（Ⅰ）

Basic principles and aims 要点提示

1. 写作要点：命题议论性文章的结构。注意审题、行文的布局、选材的精当、逻辑的严谨。
2. 语言要点：反问句的使用；段落层次清晰、过渡自然。

例文一

意气①

“意气”一词在《现代汉语词典》中有这样一个义项：意志和气概，如意气风发。②

这一项曾被毛主席在《沁园春·长沙》中用过，原句为“书生意气，挥斥方遒”。也正是这书生意气让他成就了革命的胜利，建立了中华人民共和国，让他成为了永垂史册、青史留名的伟大领袖，这足见“意气”二字如太极，生四象、生万物。③

在棋盘拼杀，楚河汉界分明，我会一如既往想起楚王项羽与汉王刘邦。④虞姬的自刎，乌骓的投江让更多的人倒向项羽，鸿门宴上的刘邦

写法注释

① 遵从给定文题，是命题作文的特点和要求。

② 阐释题意，为行文开展铺笔。

③ 选用具体事例证明“意气”的价值。既有引用又有论述，文采与逻辑兼具。

④ 因棋生情，自然入文，指点历史，剖析古人，显现思考的厚重与深度。

似乎⑤只是小人，听听汉家小儿高唱“大风起兮云飞扬”便热血沸腾。可历史的车轮证明了刘邦比项羽更能成就一番大业，是他主张张骞扶着驼铃走向了大漠，是他让卫青挥动旌旗舞向了大漠的飞沙。

⑤“似乎”留有一步，给“意气”以全方位的解读。

他们都是英雄，皆有意气，只是“意气”二字所有义项不同，楚王是意气用事，而汉王则意气风发。⑥

⑥扣紧“意气”的中心，剖解“意气”的另重义项。

在汉朝的朝堂之上，说过汉王刘邦，我们便不能不谈韩信与司马迁。⑦

⑦行文的自然，离不开恰当过渡。

“韩信点兵，多多益善”是我们再熟悉不过的成语。沙场点兵是何等的意气风发，可是我们依然记得他当年所受的胯下之辱。是何等的意志和气概让他压下心中的愤怒，成就今日的辉煌！⑧

⑧韩信一例用得极好：“意气”的双重意义集于一身。

“大丈夫能屈能伸”是意气，是坚强的意志和气概。“史家之绝唱，无韵之《离骚》”是鲁迅先生对《史记》的评价。如果当初司马迁没有坚强的意志，没有豁达的气概、以受腐刑保存生命，如今我们就不可能依旧轻哼着这无韵的《离骚》了。⑨

⑨司马迁的意气也有与韩信的相同处，那种“气概”是对“意气”的最好诠释。

这意气我们真的不可以小瞧。

⑩作为女性，武则天绝对是我们的骄傲。⑪作为历史上唯一的女皇帝，她的意气让人折服。

⑩行文之妙，还在于笔墨的变幻与充盈，女性的意气显然补救了“意气”一词的丰厚内涵。

⑪历史就应该像这样承传，写历史就是为写现实，作者笔力转换自然、贴切。

历史掌权的女性不在少数，可没有谁像她那般撷开那一道珠帘，穿上金灿灿的龙袍，君临天下。她的意气不止在此，更在于她留下的无字碑，让后人去评述她的功过。这个女人，真可谓将“意气”二字发挥到了极至。

古往今来，这意气一直在我们身边。从2003年杨利伟实现中国人的飞天梦，到2005年，费俊龙、聂海胜二人升空，中国的意气让世界为之折服。生命中，有太多人、太多事的意气让我们感动：从生命的谷底登上艺术高峰的邰丽华；一个人，一匹马送信的邮递员王顺友；用瘦弱的肩膀担起家庭重任，并且抚养毫无血缘关系的妹妹的洪战辉。⑫这些平凡而伟大的人，处处都体现伟大的意气。

⑫“感动中国人物”的引入，使文章更有现实感。

“太极生两仪，两仪生四象，四象生万物。”一如意气，造就了这个世界上许多的美好事物。⑬

⑬ 以《易》词收尾，文采与思辨中，归结“意气”的多重内涵。

例文二

珍惜生命

著名科学家富兰克林说过：“你热爱生命吗？那么别浪费时间，因为时间是组成生命的材料。”①有些人，不能说他不热爱自己的生命，而

写法注释

① 议论性文章的开头，引用名人的话提出论点。

是不珍爱组成生命的“材料”。例如：有的人一杯茶，一支烟，办公室里穷聊天；有的人下棋、打扑克，可以通宵达旦；也有的人为买一件时髦衣服，从东城跑到西城；还有的人，把大好时光用在花前月下……

诚然，谈天、玩乐、买东西、谈恋爱，都是生活中不可缺少的。但是，把宝贵的光阴淹没在这些琐碎的事情中，毕竟令人浩叹。历来，那些能为社会做出贡献而名播于世的人，哪一个不是寸阴必珍，寸阴必夺呢？② 我国著名数学家华罗庚曾经做过这样的经验之谈：“时间是由分秒积成的，善于利用时间的人才会做出更大的成绩来。”瑞典化学家阿累尼乌斯说过：“我是属于那些没有留下一天时间干私事的人们中间的一个。”③

工夫不负有心人，谁能赢得时间，谁就能获得成功。任何人，不论是伟大人物还是平凡的人，荒废时间则一事无成，珍惜时间就获得了成功的希望。④

② 用反问句强调那些对社会做出贡献的人都珍惜时间，珍惜生命。

③ 列举中外著名人物，并引用他们的话证明论点。

④ 结尾总结全文，强调中心论点。

生 词

意气风发	yìqì fēngfā
令人浩叹	lìng rén hào tàn
历来	lìlái
名播于世	míng bō yú shì
经验之谈	jīngyàn zhī tán
荒废	huāngfèi

例文结构模板

□□□□□□

□□,是人类的美德。一位□□曾说过:"□□□□□□□□□□□。"①

的确,□□在□□□□中是非常重要的。先哲们早就认识到这一点。著名的□□家曾说:"□□□□□。"意思是说,"□□□□□□□,□□□□□□。"这种□□□□的思想就包含了□□□□□的深刻含义。②

历史上许多□□人物,都是善于□□的典范。□□□□的故事被传为佳话。□□□□□□□。再往前翻一翻历史的画卷,□□□□□□□□□□, 从而成就了□□□;□□□□□, 留下了□□□□的美谈……③相反,那些□□□□的人,有哪一个能够□□□□呢?④

当然,我们并不是主张□□□□□□□□,那些□□□□□的现象我们则□□□□□□□。

让我们□□□□□□□□□□吧!这样,我们的社会才会□□□□□□□□,我们的生活将会更加□□□□。⑤

模板格式说明

① 开头提出论点。

② 引用古代哲人的话论证论点。

③ 列举事例论证论点。

④ 运用反问句加强语气,加重表达的力量,给人深刻的印象。

⑤ 提出希望,发出号召。

练习

一 照猫画虎

1. 按照上面提示的例文结构模板,在下面短文的空缺处填上适当的词语。

生活中需要思索

记得伟大的导师马克思的座右铭是“思考一切”。这句话告诉我们,__________。__________中外五千年的历史画卷,不难发现,__________有过卓越成就的人,与思索结有不解之缘。科学巨匠爱因斯坦,__________牛顿提出了天体运动方面的定律之后,经过自己反复思索和实验,__________发现了震惊世界的“狭义相对论”。爱迪生在实验灯泡的过程中,经受了几万次实验的__________,终于,他成功了。从某种__________说,他的成功就是__________。可见,__________是__________的重要。凡是思索了再做,做起来就会比较得心应手。这种例子是__________的。

如今,我们面临社会的改革,面对现代产业和高新技术,将会遇到许多新问题。时代在向我们挑战,__________思索行吗?

2. 下面是一段简短的议论性文字,请根据上下文,补写出两个概念性的事实论据和这段文字的结尾。

一位诗人曾经说过:“虚荣的人只是注视着自己的名字,光荣的人却注视着祖国的事业。”其实把自己的名字与事业联系在一起,倒也不妨注视一下。但说到底,应该重视的是事业。

古往今来真正的名人,是靠自己实实在在的成就和影响立足于世的。①

这些伟大的名人自己并不谋求“大名垂宇宙”，不曾用一毫的心思乞求官方或人们的赏识。他们只是用自己的聪明才智，为人类开辟了一个新天地，他们的名字也就自然不朽了。所以要想当名人，②

① 补写论据。

论据一：

论据二：

② 补写结尾。

二 写作训练

题目：责任

提示：做一个有责任心的人，是时代的需要。有人把“天下兴亡，匹夫有责”改为“天下兴亡，我有责。”意思是说，“我”应当义不容辞地担当起对国家、对社会的责任。的确，我们每一个人都应当做一个有责任心的人，都应当承担起自己的责任。国家遇到了困难、学校出现了问题、家庭发生了矛盾、同学违反了纪律、自己成绩不理想……都应当问一问：“我应当承担什么责任？”

参考例文：

责任

英国王子查尔斯曾经说过：“这个世界上有许多你不得不去做的事，这就是责任。”

责任不是一个甜美的字眼，而是具有岩石般的冷峻。一个人真正成为社会一分子的时候，责任作为一份厚重的礼物不知不觉地落到了你的肩上。它是一个你时时不得不付出一切去呵护的孩子，而它给予你的，往往是灵魂和肉体的痛苦，这样的十字架我们为什么要背负呢？因为它带给你的是人类的珍宝——人格的伟大。

20世纪初的一位美籍意大利移民曾为人类精神历史写下灿烂光辉的一笔。他叫弗兰克，经过艰难的努力，积蓄了一笔钱开办了一家小银行。但一次银行抢劫导致了他不平凡的经历。他破产了，储户失去了存款。当他带着妻子和四个儿女从头开始时，他决定偿还那笔天文数字般的存款。所有的人都劝他：“你为什么要这样做呢？这件事你是没有责任的。”但他回答：“是的，在法律上也许我没有，但在道义上，我有责任，我应该还钱。”

偿还的代价是39年的艰苦生活,寄出最后一笔"债务"时,他感叹道:"我终于一身轻了。"他用一生的辛劳和血汗完成了自己的责任,而给世界留下了一笔真正的财富。

责任的存在,是上天留给世人的一种考验。讲多人不能通过这场考验,逃匿了;许多人通过了这场考验,戴上了桂冠。逃匿的人随着时间消逝了,什么也没留下;通过的人也会消逝,但他们仍然活着,人们会把他抬举得很高很高。

我们都知道那个天黑了还不肯回家站在校门口哭泣的孩子,因为他要站岗,别的孩子都离开了,可他为了坚守岗位宁愿站着哭泣,这是他的责任。

愿我们所有的孩子都有这样美好的心灵,让责任从小就在这样的沃土里成长。

愿我们所有的人都把责任之心携带在人生的道路上,让人生散发出金子般的光芒。

第十一课 命题议论(二)
Subject Assigned Analysis (Ⅱ)

Basic principles and aims 要点提示

1. 写作要点:议论性文章的开头和论证方法。多种论证手法的使用。
2. 语言要点:假设复句。词语的锤炼与修饰。

例文一

干事业需要激情

激情是吹动船帆的风,没有风,船就不能行驶;激情是火箭的推进剂,没有推进剂,火箭就难以飞向蓝天。①生活告诉我们,灵感可以催生不朽的艺术,激情能够创造不凡的业绩。缺乏激情,疲沓涣散,很可能一事无成。因此,我们对待工作必须始终保持高昂的激情,有了激情,工作才能轰轰烈烈地进行。②

对待工作的激情不是心血来潮兴之所至,而是一种觉悟、追求和境界。在实际工作中,有许多胸怀大志、开拓进取、顽强拼搏、埋头苦干的人,他们始终保持高昂的工作热情和旺盛的工作干劲,因而工作成效明显,事业日新月异。③

写法注释

① 排句整饬,比喻形象,气势张扬,文学韵味强。

② 这是本文的中心论点。

③ 从正面论证。

高昂的激情来自崇高的理想。④没有理想，人就会失魂落魄。一块手表可能有最精致的指针，可能镶嵌了最昂贵的宝石，然而如果缺少了发条，它仍然一无用处。同样，一个人无论是学富五车，还是健壮高大，如果对工作毫无激情，甚至连热情都不足，生命就会黯然失色。⑤昆虫学家法布尔正是因为有献身昆虫学的崇高理想，正是因为对事业有着火热的激情和满腔的热忱，才创造出了骄人的成就。⑥

高昂的激情来自强烈的责任感。⑦一个具有高度责任感的人，会把工作看成追求和奉献，满怀激情地投入工作；一个丧失责任感的人，会把工作当做一种负担，自然就会失去工作的乐趣。田家英同志曾经写过一首诗："十年京兆一书生，爱书爱字不爱名。一饭膏粱颇不薄，惭愧万家百姓心。"这就是一种高度责任感的写照。由责任感激发出来的力量是巨大的。有了强烈的责任感，才会有奋发有为的精神状态，开拓创新，干好事业。⑧

高昂的激情来自自强不息的追求。⑨"天行健，君子以自强不息。"⑩自强不息是激情不断迸发的动力，是推动事业发展的加速器。我们所处的时代是一个强手如林、竞争激烈的时代，是一

④ 这是本文的第一个分论点。

⑤ 从反面论证"高昂的激情来自崇高的理想"。

⑥ 引用名人事例从正面论证，一反一正，逻辑严密。

⑦ 这是本文的第二个分论点。

⑧ 本段逻辑与上一段相同，都从正反两方面加以论证，行文整饬、规范。

⑨ 这是本文的第三个分论点。本文三个分论点共同论证了中心论点，呈现出并列式结构。整篇文章结构严密，层次分明，脉络清楚。

⑩ 引用名家名言，使文章沉稳、厚重。

个日新月异、你追我赶的时代。我们应当保持清醒的头脑，与时俱进，自强不息，克服知足常乐的思想惰性，向着更快更高更强的目标前进，不断研究新情况，解决新问题，开辟新境界。

让我们始终保持奋发向上的精神状态，把高昂的激情投入到工作中去，才能用勤劳的双手创造幸福的生活和美好的未来。⑪

⑪ 篇尾大声疾呼，感召力强。

例文二

语文学习要下苦工夫

写法注释

任何学问都是苦根上长出来的甜果。学习语文，同样非下苦工夫不可。①

俗话说："师傅领进门，学艺在自身。"②语文涉及的知识面广量大，具有强烈的综合性和实践性。因此语文学习是一个艰苦的过程，单靠按部就班的课堂学习，是远远不够的。

古今中外，凡是善于运用语文工具的人，没有不经过一番苦苦磨练的。③鲁迅在学生时代就坚持做读书笔记、写日记，手熟笔巧，为我们留下了大约一千万字的宝贵财富，成为文学大师，一代风范。④

马克思精心研读文学名著，谙熟莎士比亚作品的词句、风格，还能背诵海涅、歌德的许多

① 开头直接提出论点。本文论点是学习语文必须下苦工夫。

② 议论性文章的中间部分采用各种论据证明论点。这里是引用俗语证明论点。除了俗语，还可以引用科学原理、定义、定律、广为人知的名言。这种论证方法叫引证法。

③ 这是过渡句。

④ 议论性文章的中间部分，除了采用引证法，还可以通过举出具体的事例论证论点。可以举自己身边的事，也可以举中外名人的故事。这种方法叫例证法，是议论性文章最常用的一种方法。

诗,讲话、写作便能得心应手,运用自如。⑤

毛泽东求学时,每读一本书总是开动脑筋,仔细推敲,因此他写出的文章带有真知灼见,被同学们传诵。至今,"推敲"之类的写作生活,更不胜枚举。⑥

⑦那么,什么是下苦工夫呢?所谓下苦工夫,就是要乐于"自找苦吃"。一要苦于练笔,养成良好的写作习惯。二要苦于阅读。博览群书、早读夜诵,即使因此"口舌生疮""手肘生茧",也不以为憾。⑧三要苦于思考。摄取生活素材,识别书中的真伪优劣,消化语文老师讲解的知识,都得苦思熟虑,如果懒于思考,那就正应验了"学而不思则罔"的古训。⑨末了,还要苦于修改,抱着"新诗千改姑心安"的态度对待每一次作文。

总之,要掌握语文知识就得苦学,⑩要想让自己的语文学习园地里硕果满枝, 那就让我们铭记毛主席的教诲吧:⑪"语言这东西,不是随便可以学好的,非下苦工夫不可。"

⑤ 用例证法论证。

⑥ 例证法。全文共列举了三个著名人物的故事证明论点。

⑦ 以下解释"下苦工夫"的具体含义和具体做法。

⑧ 这是一个假设关系的复句。假设关系是前一分句或句子假设存在或出现某种情况,后一分句或句子说明由这种情况产生的结果。常用关联词合用的有"如果(假如、假使、假若、倘若、要是)A,就(那么、那、便、则)B",单用的有"那、那么、就、便、则、的话"。还有合用的"即使A也B"。要注意它们之间的搭配。如"如果"不能和"也"搭配,"即使"不能和"就"搭配。

⑨ 这是假设关系的复句,关联词是"如果,就"。

⑩ 假设关系的紧缩复句。关联词是"要,就"。

⑪ 假设关系的复句,关联词是"要……就"。

生词

涣散	huànsàn
日新月异	rì xīn yuè yì
按部就班	àn bù jiù bān
大师	dàshī
风范	fēngfàn
谙熟	ānshú
得心应手	dé xīn yìng shǒu
运用自如	yùnyòng zìrú
真知灼见	zhēnzhī zhuójiàn
不胜枚举	bú shèng méi jǔ
疮	chuāng
茧	jiǎn
不以为憾	bù yǐ wéi hàn
苦思熟虑	kǔ sī shú lǜ
懒于	lǎnyú
应验	yìngyàn
学而不思则罔	xué ér bù sī zé wǎng
古训	gǔxùn
末了	mòliǎo
新诗千改姑心安	xīn shī qiān gǎi gū xīn ān
硕果	shuòguǒ
铭记	míngjì

例文结构模板

□□□□□□□

□□□

□□□□□□□□□□□□□□□□□□□。①

中国有句古话“□□□□□□□□□□□”,意思是□□□□□□□□□□。著名□□家□□也曾指出:“□□□□□□□□。”②

古今中外,凡是□□□□□的,没有不□□□□□□的。□□□□□□□□□,□□□□□□□□。□□□□。□□□□□□□,□□□□□□□□□□,□□□□□□□□□□,□□□。③

总之,□□□□□□,□□□□□。④

模板格式说明

① 直接提出论点。

② 引用古语、名人名言、俗语等证明论点。

③ 列举具体的事例证明论点。

④ 结尾总结概括全文。

练习

一 照猫画虎

根据模板提示,完成下列短文。

学会读书

看到这个题目,或许有人会感到奇怪,只要认识三五千汉字,书人人会读,学呢?

然而问题并不如此简单,能读书是一回事,善于读书又是一回事,并不是所有认得若干汉字的人都善于读书。__________,怎样才能做到善于读书呢?在这里,我谈一点基本的经验。

__________是方法问题。用老话说,有两种不同的方法,_______是寻章摘句式的。读得很细心,钻研每一段、每一句,甚至每个字,而对书的主要观点、思想却忽略了。________是观其大意,不求甚解式的。这种人读书抓住了书中的主要东西,吸收它们,丰富并提高了自己,但是不去做字词的工作。

______________是先后问题。先读什么,后读什么。是先读基础书呢,________先读专业的书呢?其实道理很简单,要修一所房子,不打好基础,这房子__________盖呢?你__________把高楼大厦建在沙滩上吗?__________,要读好书,必须打好基础，读好了基础书，才能做个别问题的研究。

第三是工具问题。……

二 病例分析

分析下面短文中的毛病。

学会合作

① 加拉帕戈斯群岛中有一个叫品左恩的岛屿，岛上生存着一群莺鸟，它们以仙人掌的花粉、果实和种子为食，故名食掌莺。

② 仙人掌开花的季节，有些食掌莺把公共区域那些尚未开放的花瓣用爪子撕开，然后用嘴扯开柱头，这样就可以吃到藏在花蕊里的花粉了。当然，它们并没有破坏自己地盘上的仙人掌。

③ 柱头断了，仙人掌不能结果，无法形成种子，食掌莺也就有了断粮的危险。品左恩岛上只有十几只这样"聪明"的莺鸟，它们捷足先登，只是为了品尝其他莺鸟吃不到的花粉，它们竟以这种方式自取其亡。有一年大旱，再加上大面积的仙人掌因断了柱头不能结果，这导致品左恩岛上的食掌莺全军覆灭。

④ ____________：在沙漠中有一口摇水井，它奇迹地成为了旅行者的生命之泉(沙漠之中水就是生命啊)，这一切都缘于它有一条不成文的规则——为后来者留足一碗水。一碗水足可解燃眉之急，但人们总是把它灌进摇水机引水，吸上水后再留一碗。来来往往的旅行者都自觉地遵守着这一规则，因此一碗水就成了永不枯萎的水源。

⑤ 生存是一门艺术，它的第一法则就是合作。急中生智因一己之私而践踏合作法则，从短时间看是损人利已，从长远看，却是害人害己，自取灭亡，比如食掌莺。相反，你照顾和维护了别人，别人也会感恩你一份善意，你因别人而受益，别人也会因你而受益。

⑦ 因此，学会合作，必先学会生活。

1. 文中画横线的词语、句子均有错误，请修改。

① A. "枯萎"改正为____________

B. "急中生智"改正为____________

② 别人也会感恩你一份善意。

改正为____________

2. 结合全文内容，在第④段的横线上补一个承上启下的过渡句。

3. 下面两个论据,哪一句能证明中心论点？为什么？

① 达尔文说:“物竞天择,适者生存。”

② 孟子曰:“鱼,我所欲也,熊掌,亦我所欲也;二者不可得兼,舍鱼而取熊掌者也。”

4. 文章的结论(因此,学会合作,必先学会生活。)是错误的,请修改并说明理由。

修改：______________________________

理由：______________________________

第十二课 给材料议论（一）
Analysis of Given Information (Ⅰ)

Basic principles and aims 要点提示

1. 写作要点：社会评论的模式。对材料仔细分解，运用以物拟人、以物喻人、以人比人、以事比人等多角度联想方法感悟道理、提炼中心论点。
2. 语言要点：句内或句子间的递进、因果关系；感叹句、反问句的使用。

例文一

材料："阿Q"这个形象，是鲁迅笔下活化出的典型形象，也是新文学史上一个最有光彩的形象之一，成为中国人种种特定劣根性的代名词。

现实生活中，人们也常用"阿Q"来形容一些人，请以"再见阿Q"为话题，写一篇文章，对阿Q现象进行再反思。

要求：文体不限，不少于800字。

我们首先必须明确"阿Q"这一形象代表了哪些特定的劣根性，"阿Q"突出的特点是——"精神胜利法"。他夸耀过去，幻想未来，盲目的妄自尊大，自轻自贱，自欺欺人，把痛苦当成快乐，把失败说成胜利，自解自慰，求得自满自足。在写文章时，主要是写现实生活中某些现象或某些人物与"阿Q"相同或相似，这样来表达自己对生活的领悟。可以写小说、散文，也可以写议论性文章，但无论哪一种文体，都必须和现实联系，这样才能对现实有一定的警示作用。

阿Q现象

阿Q作为文学长廊里的一个鲜明的人物形象，充分体现了中国人的某些劣根性。就其“精神胜利法”而言，便揭示了一种“不能正视失败，而用逃避、自我安慰的方式寻求解脱”的思想。而这种所谓的“胜利法”恰恰是我们要不得的。①

人的一生难免会遇到失败，“常胜将军”只是传说中的人物；人也难免有不如别人的时候，十个指头还不一般长。但是面对这些失败、这些缺点，我们是否要像阿Q那样，用一句“虫豸打小子”代替“老子打小子”，以换取心理上的平衡，姑息纵容自己呢？②回答显然是否定的。

纵观历史，阿Q的这种精神在滔滔历史长河中便像上游漂下的一艘没有搁浅的船，一路漂来，影响了多少次改革和进步。清末，西方列强的侵略，中国领土的割让，主权的沦丧，而封建君主们却依然做着“天朝大国”的迷梦，荒唐地用开偏门让外国大使入殿的所谓“羞辱”的方式以取得精神上的自我满足，当然这只能在中国历史上增添讽刺的一笔。这与阿Q叫喊着“虫豸打小子”的行为是何其相似！③

今天的社会，阿Q的“精神胜利法”似乎仍在作祟，报纸隔三岔五地报道“某某是中国先发明

写法注释

① 文章先解释“阿 Q”的“精神胜利法”，然后提出论点，过渡自然。

② 用设问句，易引起读者的思考。

③ 用古代历史事实作论据，充分有力。

的”。君不见，④有人已考证出“足球起源于中国”，并且自夸一番，想必也是顺应“足球屡战屡败”的情况而求得自我安慰的一种表现吧。⑤然而无论文字如何渲染也抹不掉铁一样的事实。重要的不是“自我安慰”，而是我们要正视现实，承认落后，努力地改变现实中的落后状况。只有具备这种精神，中国才有发展的希望。⑥

在我们青年学生中，不也有某些人提倡“60分万岁”吗？考了60分便觉得比59分光荣不少，不思进取。考坏的便用诸多客观原因来搪塞自己，并以此作为心理调节的一种手段，这与阿Q的“精神胜利法”真有异曲同工之妙！这种满足现状、止步不前的思想对于我们自身的塑造和培养是有百害而无一利的。⑦

阿Q的话题道不尽，但是少一个“阿Q”式的人物，中华民族就多一份奋进的血液；少一点儿“阿Q精神”，我们就多一份追求的渴望。让我们摒弃“阿Q精神”，正视缺点，实事求是，创造美好的未来吧！⑧

④ 化用李白《将进酒》诗词句式，语言魅力扑面而来。

⑤ “有人”“想必”这样的词汇用在这里，反讽意味浓厚。

⑥ 从历史说到今天社会，脉络分明，结构严谨。

⑦ 针对性强，也点明了文章的现实意义。

⑧ 结尾大声呼吁，感召力强。

例文二

材料：

据报道：深圳盐田区外国语小学今年给学生布置了一份寒假作业：要求学生完成孝敬父母的劳动。包括整理自己的房间，洗自己的衣服，帮助父母做饭等日常生活中的小事。对此，有很多人大加赞成，也有人不以为然，认为没有必要。请谈谈你的看法，题目自拟。

从"平地"开始①

深圳盐田区外国语小学要求孩子们从做好自己的事开始，从做好身边的小事开始，逐渐培养一种对自己、对别人、对社会的责任和义务感。我认为这种做法是非常有意义的，值得推广。②

长期以来，学校和家长都把学生的考试分数、名次放在至高无上的地位，而把学生应该承担的社会责任和义务放到了一个非常次要的地位，甚至有时简直忽略不计。③这样做的结果，是很多孩子的人格存在严重的缺陷，没有责任感，甚至做出严重违反社会公德的事情。④前几年，浙江金华市高中生徐力杀死母亲，北京大学生刘海洋用硫酸残害大黑熊，都暴露了这种教育带来的人格缺陷，教训十分惨痛。⑤而深圳市向小学生推出的这道寒假作业，无疑是在培养孩子从小形成健全人格方面所采取的有益尝试，从培养孩子的责任感、给予心做起，从小事、身边事做起，体谅父母，关心父母，知道自己还有孝敬父母的义务和责任。这样的做法，坚持下去，必将收到非常好的社会效益。

写法注释

① 给材料作文，首先要认真细致地阅读材料，分析所有表面信息，深入挖掘内在隐藏的信息，提炼观点命题。题目确定后，还要跟材料再对照一下，看题目的意思跟材料的中心意思一致不一致。如果一致，就开始选择材料证明自己的观点。

② 开头简要叙述材料内容，然后直接提出自己的观点。

③"甚至"表示意思的递进。

④"甚至"表递进。

⑤ 这一段联系现实，分析长期以来社会上流行的不正确的做法以及导致的后果。举事例证明自己的论点。常用句型有："现实生活中这样的事俯拾即是，……"、"前几年，……"。

常言道，万丈高楼平地起，⑥而我们只注重“高楼”，却忽视乃至忘记了“平地”，以致最后事倍功半甚至事与愿违。⑦常见学校组织学生到大街上打扫卫生，而他们的卧室却是一片狼藉。我们要求学生要助人为乐，学习雷锋，但却很少见到他们在家为父母做简单的家务，以致使学生形成不同程度的品格分裂，讲起大道理口若悬河，而做起事来却大打折扣。⑧

实际上，我们对孩子乃至整个社会的教育，应该从“平地”开始，让孩子热爱人民，首先从热爱自己的父母、亲人、邻居、同学开始；让孩子热爱祖国，首先从热爱家庭、热爱学校、热爱自己的家乡开始；让孩子热爱劳动，首先从自己洗自己的衣服开始；让孩子讲诚信，首先从不对家长说谎开始……⑨

总之，从“平地”开始，才能建起万丈的“高楼”。⑩

选自《中国教育报》作者：刘吉同。有删改

⑥ 引用名言俗语证明论点。常用句型：“常言道，……”、“俗话说……”“众所周知……”、“中国有句古话，……”、“古人说，……”。

⑦“而我们只注重……以致最后事半功倍甚至事与愿违”是因果关系的复句，“以致”是表示因果关系的关联词。

⑧ “以致”前边的分句陈述原因，后边的句子是结果。

⑨ 前面分析清楚了“从‘平地’开始”的原因，这里进一步说明“从‘平地’开始”的做法，使文章的论证严谨、周密，排比句增加了说服力，增加了气势。

⑩ 结尾总结概括全文，突出中心观点。这种方法常用的句型有：“总之，……”、“由此看来……”、“所以，……”、“……，因此，……”。

生 词

搁浅	gēqiǎn
隔三差五	gé sān chà wǔ
至高无上	zhì gāo wú shàng
忽略不计	hū lüè bú jì
畸形	jīxíng
残害	cánhài
缺陷	quēxiàn
常言道	chángyándào
事倍功半	shì bèi gōng bàn
事与愿违	shì yǔ yuàn wéi
狼藉	lángjí
口若悬河	kǒu ruò xuán hé
打折扣	dǎ zhékòu

例文结构模板

□□□□□□□

据报道:□□□□□□□□□□□□□。我认为□□□□□□□□。①

长期以来,人们□□□□□□□□□□□□□□□□□□□,□□□□□□□□□□□□□□□□□。这样做的结果,是□□□□□□。②现实生活中这样的事俯拾即是。前几年发生的□□□□□□□□□□□□,最近又有□□□□□□□□□,□□□□□□□□□。③这些都□□□□□□□□□□□□□□□□□。

常言道:□□□□□□□□□□□□□□。④我们□□□□□,应该□□□□□□□□□。总之,□□□□□□□,□□□□□。⑤

模板格式说明

【开头】

1. 叙述现象或者引用材料。要有所强调,即突出与论点有关的部分。
2. 引出论点。

【中间】

1. 分析法为主。围绕现象材料进行分析。一般分为两个以上方面,即“为什么”“怎么样”。也可以结合其它论证方法。
2. 联系现实和自身,发挥意义。

【中间】

概括重申论点,发出感慨。

模板格式说明

① 用简洁的话叙述材料的内容,随后提出自己的观点。
② 联系实际,就某种生活现象进行分析,证明自己的观点。
③ 列举具体事例证明自己的观点。
④ 引用俗语、名言证明自己的观点。
⑤ 概括全文,突出中心论点。

练习

一 照猫画虎

根据模板提示,针对目前一种社会现象写一篇评论。

二 病例分析

分析下面短文中的毛病。

病例一

现在社会上流行着一种说法，就是"干得好，不如嫁得好"。我不同意这种观点。

虽然，女人能嫁给一个有钱有地位又爱自己的丈夫，是最幸福的，也是令人羡慕的，但是世界上没有十全十美的事情。女人如果放弃自己的努力，放弃自己的追求，只等待着嫁给一个什么都有的丈夫，到头来也会像"水中捞月"一样，只会留下一个幻想，一生的遗憾。于是我觉得对一个女人来说，"干得好"显得更为重要。

可见，我认为干得好更重要。

病例二

没有人不愿意遭遇危机，但是危机常常不邀而至。其实，"危机"一直包含着"危险"和"机遇"两方面的因素，所以我们习惯上只看到"危险"而看不到"机遇"。面对危机，我们需要做的是用心去捕捉危机中的转机，从而走向一个新的开始。

三 文章修改

下面是一篇初中生的习作，读后请按要求修改。

合作

①人们喜欢把女孩儿称作"千金"，我家两姐妹，爸爸妈妈说我们家有"两千金"。

②金子是贵重的，嘿，一个家庭拥有"两千金"，我家以后一定会富裕的啦！

③一个星期天，爸爸因伤住院了，妈妈说照看爸爸后要去学生家走访。唉，一项衣来伸手、饭来张口的我和妹妹，中午可得合作弄饭菜了。

④我作厨师，妹妹当助手。妹妹找来饭锅，淘完米，把它放在液化气灶上。

⑤炒菜之前，妹妹先把土豆洗干净，我把土豆切成丝。刀不听使唤，我忙得大汗淋漓，才切出一碗粗细不匀的土豆丝总算切完了。

⑥铁锅烧热了，我往里放上油，只听到旁边帮着放菜下锅的妹妹"哎哟"叫出声来，原来滚烫的油珠从油锅里掉到了她手上。妹妹一边嘬着嘴巴一边嘟哝着。我炒着土豆丝，突然一股焦糊味扑入鼻孔，一看饭烧糊了，妹妹连忙关上饭锅的火源。

⑦我只顾想饭烧糊的事，忘了翻土豆丝，妹妹也忘了淋点水，菜锅里冒出难闻的怪味来，我急忙关掉火源，才把土豆丝从"死亡线"上救了过来。经过半个多小时的忙碌，我

俩终于把饭菜弄好了。

⑧ 吃饭了。即使饭菜索然寡味,但我和妹妹吃得很开心,因为它是我和妹妹合作做的第一顿饭,我把这顿饭称为“姐妹饭”。

⑨ 从这以后,我开始做一些家务,因为我悟出一个道理:四体不勤、五谷不分,不勤奋学习,是不能取得好成绩的,长大了对社会能有什么贡献呢?

1. A. 第③段和第④段各有一个错别字,请找出来并加以改正。

________改为________;________改为________。

B. 第⑥段和第⑧段中加点的词语使用不当,请修改。

“掉”改为__________;“即使”改为__________。

2. 第⑤段中画线的句子表意不明确,应改为____。

3. 第①~⑧段文字中,有一段与全文无内在联系,应删去,这段文字是第________段。

四 本文最后一段扣题不紧,请你另写一个80字以内的结尾。

第十三课

给材料议论(二)
Analysis of Given Information (Ⅱ)

Basic principles and aims
要点提示

1. 写作要点:分层次阐述观点。层进式结构的采用,引用名言、排比论证、比喻论证等多种论证手法的运用。
2. 语言要点:假设句、排比句和设问句的使用。

例文一

材料:

有一个年轻人跋涉在漫长的人生路上,到了一个渡口的时候,他已经拥有了“健康”“美貌”“诚信”“机敏”“才学”“金钱”“荣誉”七个背囊。渡船开出时风平浪静,说不清过了多久,风起浪涌,小船上下颠簸,险象环生。艄公说:“船小负载重,客官须丢弃一个背囊方可安渡难关。”看年轻人哪一个都舍不得丢,艄公又说:“有弃有取,有失有得。”年轻人思索了一会儿,把“诚信”丢在水里。

寓言中“诚信”被抛弃了,它引发你想些什么呢?请以“诚信”为话题写一篇文章,可以写你的经历、体验、感受、看法和信念,也可以编写故事、寓言等等。所写内容必须在“诚信”的范围之内。

要求: 题目自拟

抉择

生活的艺术就是平衡得失的艺术。年轻人在颠簸的小船上抛弃了“诚信”的背囊,或许他认为自己平衡了得失。但在我看来他已丢弃了一根人生的支柱,做了错误的抉择。

窗外微风吹拂着我微微发烫的脸颊,一股股思绪涌上心头……①

写法注释

① 细致的环境描写与抒情融为一体,平添美的韵味。

如果我是米洛斯的维纳斯,我决不舍弃“美貌”;如果我是古希腊的柏拉图,我决不舍弃“才学”;如果我是威尼斯的夏洛克,我决不舍弃“金钱”……如果我只是我自己,那么我决不会放弃“诚信”。

生活在现代的我首先是一个人,一个脱离母体后独立的人。我渴求用良好的道德规范改变我的修养;而诚信就是必不可少的一条。

“信”源于“诚”,“诚”又因为“信”而更显真挚。中华民族的文化中“诚信”占有很大的比重。流放溆浦的屈原,放牧的苏武,捐躯的文天祥用他们的行为证实了对祖国的诚信。受宫刑的司马迁,受贬谪的姚崇,背向自刎的侯嬴用他们的举动验证了自己对朋友、主公的诚信。每每打开这些历史画卷我都会为之震撼为之感动,并希望在他们的名字后面续上我的姓名。②

② 第三、第五两段排比的使用,以维纳斯、柏拉图、屈原、苏武、文天祥等九位中外名人为例,从不同角度多侧面展示了人们对诚信的不同态度。

有人说选择了“诚信”,那你放弃什么呢?其实具体放弃什么无关紧要。我只知道“诚信”这一抉择可以平衡得失,使我的工作、生活少些成人的世故圆滑,多一分心灵的感动与沟通。

设计建设纽约摩天大楼花旗大厦的谢方里教授向世人证实了这一点。当他发现大厦的设计存在漏洞,大厦可能在狂风中被折断时,他毅然向市政当局提交了调查报告。一切的荣誉、金钱、掌声都似乎离他远了,但他却在广播中发出了真挚的话语:"我不乞求原谅,只求大厦能尽快加固。"平凡的话语感动了平凡的人,由于谢方里的诚信,他的工程师生涯得以延续。这才诞生了牢固性最强的世贸中心。③

现实生活中有多少人了解"诚信"的真谛,明白"诚信"的重要性呢?他们以别人的脸色为主题,以别人的言谈为辞藻,以别人的喜怒来润色修改,写出了一个毫无真诚的可笑人生。④

当自己处于人生交叉路口时,仔细地想想人的本质是什么,什么才较为重要,作出一个理智的抉择。只有这样才能让五彩的云霞照耀自己,让生命感知人性的真挚和生活的无边快乐。⑤

③ 第七段又以谢方里教授知错即改、取信于民的典型事例,进一步论证诚信的重要。

④ 第八段则以比喻论证法,从反面阐述丢掉诚信的可笑,将抽象的说理转化为形象的诠释。

⑤ 文章结尾将理性的议论变为饱含激情的期待,给予读者极大的审美享受。

例文二

材料1:

某杂志社做调查:"你对同学最赞赏的品质是什么?"调查结果,排在第一位的是"乐于助人"。

材料2:

某单位在一些青少年中做不记名问卷调查:"你如果遇到别人碰到麻烦事时会怎样对待?"回答"悄悄走开"的人不少。

根据"材料1"和"材料2",自选角度,自拟题目,联系实际,写一篇议论性文章。

伸出你的手①

据报载，某杂志社曾在中小学中调查最看重同学的什么品质，得到最多的答案是“乐于助人”。而另一个单位则就“别人遇上麻烦，你会怎么办”展开调查，却有不少的人回答“悄悄走开”。两次调查，两种结果，其间巨大的反差不禁令人沉思。

的确，现在关于中小学生人格素质不高的问题已成为社会关注的热点之一。相比十几年、几十年前的人们，现在的孩子的确显得冷漠、自私、不关心他人。②

那么，为什么会这样呢？我想，原因大概有三点。③

首先，现在的孩子大部分是独生子女，家中诸长辈的爱都倾注到一个孩子身上，会让孩子觉得别人的爱是理所当然的，不懂得自己也应该去付出，这便造成自私和冷漠。④

其次，现在的孩子集体生活过得太少了，而许多品质如关心他人、互相合作等常常要在集体生活中才能得到培养。这也使孩子在这些品质上显得欠缺。⑤

再有，就是当今社会上的一些不良风气，也

写法注释

① 从材料中提炼一个观点，作为题目。另外也可以是“乐于助人”“从自己做起”“做到严于律己”等。

② 开头叙述材料中的现象或事件，联系社会现状。提出要议论的问题。

③用设问句引起读者兴趣，引出对问题的分析。

④ 分析原因 1。

⑤ 分析原因 2。

无可避免地会对孩子们产生影响。⑥

⑥ 分析原因3。

虽然现状不容乐观，但是我们也应该看到，这个问题已经引起了社会、学校、家长以至学生自己的重视，并且已经采取了很多行之有效的措施。而每年评选出的“全国十佳少年”等先进人物，更是树起了一个个学习的楷模。相信在不久的将来，就会出现完全不同于今的情形。

英语里有一个词叫“helping-hand”，翻成中文，该是“援手”的意思。多贴切啊，只要一只手，便将人的关心、爱心表露无遗了。我们的社会就像个大家庭，别人有难时，让我们少一点儿冷漠与自私，慷慨地伸出自己的手，那会给别人带去多少安慰与帮助，也会给自己带来无尽的满足与快乐。⑦

⑦ 结论，提出论点。

生词

抉择	juézé
圆滑	yuánhuá
润色	rùnsè
反差	fǎnchā
热点	rèdiǎn
冷漠	lěngmò
独生子女	dúshēng zǐnǚ
诸	zhū
倾注	qīngzhù
理所当然	lǐ suǒ dāng rán
不容乐观	bù róng lè guān
楷模	kǎimó
援手	yuánshǒu
表露无遗	biǎolù wúyí

例文结构模板

□□□□□□

□□□

在一次调查中,出现了一种□□□□现象。□□□□□□□□,□□□□,□□□□。这种现象令人深思。①

那么,为什么会这样呢?我想,原因大概有以下几方面。②

首先,□□□□□□。□□□□□□□□□□□□□□。③

其次,□□□□□□□□□□□□。④

再有,□□□□□□□□□□。⑤

□□□□□□□□□□□。⑥

模板格式说明

① 简要叙述材料中的现象。

② 用设问句引出对问题的分析。

③ 分析第一种原因。

④ 分析第二种原因。

⑤ 分析第三个原因。

⑥ 结尾。总结归纳点题。

练习

一 照猫画虎

根据模板提示,完成下列短文。

根据调查,有______%的青少年__________,__________。为什么会有这种现象呢?我认为有以下几方面的原因。首先是__________。__________。其次是__________。第三是__________。

用所学知识,完成下面的短文。

前段时间全国范围__________的超女热,很是让湖南卫视热了一把,同时也肯定是赚足了票子,等一切平息后我们来反思这个现象,__________这是我们国民另一种心态的______________,可以说是一个社会问题。

超女让很多年轻人以为,____________、____________努力就可以一夜成名,大众__________尤其是年轻人都梦想一夜而富贵,__________忘却了成功要靠自己的双手靠自己的拼搏。其实,我个人认为超女之所以会热,__________它满足了很多人这种心理,想不劳而成名。__________我没说错的话,明年会有更多的人报名,__________大众这种想"中彩票"的侥幸心态太严重了。这是一种社会公众心态浮躁的表现。

二 写作训练

欣赏下面的漫画,请以“环境”为话题,写一段议论性文字或编写一个小故事。题目自拟,字数在100字以内。

第十四课 给材料议论(三)

Analysis of Given Information (Ⅲ)

Basic principles and aims 要点提示

1. 写作要点:看图画写议论性文章的环节。
2. 语言要点:条件关系的复句。

要求: 根据漫画内容,写一篇议论性文章,自拟题目。

这里没有水,再换一个地方挖。

例文一

浅尝辄止不会成功①

有这样一幅漫画：一青年挖井找水，挖了四五个深浅不一的坑，正要去挖新的“井”。画面下部的文字反映了他的心思：“这下面没有水，再换一个地方挖。”而事实并非如此，那些“井”再挖深一些，就到了丰富的水源了。②

这幅漫画使我深思：青年找不到水，是因为他不肯在一个地方持之以恒地挖下去，结果当然白费力气。它告诉我们一个哲理：要想找到成功之源，除了肯花力气外，还要兴趣专一，持之以恒，坚持不懈。浅尝辄止者是不会成功的。③

我国清代学者王国维曾总结了学习的三个境界，其一为目标专一，“昨夜西风凋碧树，独上高楼，望尽天涯路”。其二为持之以恒，“衣带渐宽终不悔，为伊消得人憔悴”。其三为成功境界，“蓦然回首，那人正在灯火阑珊处”。古代思想家荀况也说过：“锲而不舍，金石可镂；锲而舍之，朽木不折。”这些话现在看来不尽全面，却都正确地反映了目标专一和持之以恒是成功的必由之路。④

许多成功的例子证明了这确是一条必由之路。大科学家欧立希经过长期不懈的努力，在失

写法注释

① 标题表明论点。

② 叙述画面内容。

③ 提出论点。

④ 引用前人的话论证论点。

败了无数次之后，终于制出了药剂“666”。我国数学家陈景润在少年时就立志摘下数学王国的宝石——歌德巴赫猜想。他勤奋钻研，算纸用了几麻袋，终于获得了成功。这样的例子真是俯拾皆是，不胜枚举。⑤

⑤ 列举两个事例论证论点。

反之，学习或工作上的浅尝辄止，永远不会带来成功，只能是浪费时间，白花力气，到头来“空悲切”一场。记得有个相声曾讽刺了这种人，他们这山望着那山高，今天想做画家，明天想当音乐家，后天又想当军事家，最后只能当呆在家里空发议论的“坐家”。⑥

⑥ 联系生活，从反面论证。常用的句型：反之，……相反，……。

要找水的青年，只要他回到原地继续挖完那些未完成的井，或者到新的地方持之以恒地挖下去，他就一定能找到水源的。⑦而在学习上、工作中，不管你是否犯过浅尝辄止的错误，只要你现在定下心来，认定一个正确的目标，专一而不懈地努力，你就一定会获得成功。⑧科学路上无捷径，专一不懈见成功。⑨

⑦ “只要他回到……，或者到……，”与“他就……”之间是条件关系。“只要，就”是关联词。常用的关联词还有“只有，才”，它们搭配固定，不能交换。

⑧ 条件复句。

⑨ 结论。照应画面内容，强调论点。

例文二

持之以恒才能成功①

今天，我看了一幅漫画，其大意是说，某人挖井，已经凿了许多井眼了，然而这些井却离那奔流的地下水都有一段距离，而此人却扛起铁锹说道："这下面没有水。再换个地方挖！"如此挖井，可想而知，他能在什么地方找到水呢？看了这幅漫画，不禁使我想起了许多许多。②

这幅漫画绝妙地讽刺了那些办事半途而废的人，说明了一个深刻的道理：半途而废意味着失败，持之以恒才能成功。这也是为历史事实所证明了的真理。③

荀子在《劝学篇》里曾写道"锲而不舍，金石可镂；锲而舍之，朽木不折"，"驽马十驾，功在不舍"，这些都说明了持之以恒才是成功的保证。④古时有个名叫陈占之的人，他天资不大聪明，读书每天只能背诵50个字，然而，由于他锲而不舍，每日积累，终于成了一个有学问的人。⑤达尔文小时候读书没有他妹妹聪明，在老师和家长的眼里，甚至认为他是一个低能儿，达尔文却没有半途而废，而是持之以恒地学习和研究，终于创立了伟大的进化论。⑥大发明家爱迪生为了寻找一种能作为灯丝的物质，进行了上千次的实

写法注释

① 题目标明论点。

② 叙述画面内容。

③ 提出论点。

④ 引用前人的话论证论点。

⑤ 举事例论证。

⑥ 举事例论证。

验，经过无数次的失败后，他仍持之以恒地探索，终于发现了钨这种物质。⑦据说“666”粉的发明人，是经过665次失败后，第666次才获得成功的，并以此命名。没有持之以恒的毅力，“666”哪能在那时问世呢？以此观之，持之以恒，正是他们成功的“诀窍”。

⑦ 举事例论证。

如果画中人能“持之以恒”，怎么会挖不到水呢？半途而废，正是他失败的原因。⑧

⑧ 回到画面内容。

对我们的工作、学习来说，持之以恒是极为重要的。我们现在的主要任务，就是努力掌握文化科学知识，而知识却又如浩翰的大海，无边无际。要掌握一定的知识，就必须要有锲而不舍、持之以恒的精神。半途而废只能使我们毫无收获，最终成为一个不学无术的人。⑨

⑨ 联系现实生活。

无数事实已经充分证明，诸如画中人那种半途而废的人，是永远不能获得成功的，我们应该用持之以恒的精神去对待学习、工作和生活。⑩

⑩ 照应画面总结强调中心。

生词

浅尝辄止	qiǎn cháng zhé zhǐ
持之以恒	chí zhī yǐ héng
坚持不懈	jiānchí bú xiè
昨夜西风	zuó yè xī fēng
衣带渐宽	yīdài jiàn kuān
蓦然回首	mòrán huíshǒu
锲而不舍	qiè ér bù shě
金石可镂	jīn shí kě lòu
不胜枚举	bú shèng méi jǔ
半途而废	bàn tú ér fèi
浩瀚	hàohàn

例文结构模板

□□□□□□①

□□□

有这样一幅漫画,画中□□□□□□□□□□□□□□□,□□□□□,□□□□。②

这幅漫画使我深思:□□□□□□□。它告诉我们一个哲理:□□□□。□□□□□□□□□□□□□□□。□□□□□。③

□□□曾说:"□□□□□□□□□□□□□□□□□□□□。"□□□□□□。④这也是为历史事实所证明了的真理。□□□,□□□□□□□□□□□□□□□□□□。⑤这样的例子真是不胜枚举。

如果画中人□□□□□□□□□□□□□□□□□□□□□□□□□,□□□□□。⑥

反之,□□□□□□□□□□□□□□□□□□。⑦

对我们的□□□□□来说,□□□□□□□□□□□□。⑧

我们应该□□□□□□□□□□□□□□□□。⑨

實用漢語寫作進階高級

看图议论的模式

根据图画写议论性文章首先要认真观察画面，特别要注意图画题材。漫画一般是比喻性的，通常有一个明确的主题，有的讽刺，有的赞扬，有的启发，有的否定，都和生活中的现象密切相关。所以，在论证过程中要联系现实生活。看图议论性文章的结构一般是：开头用概括的语言叙述画面内容，将画面内容与现实生活联系起来，提出自己的观点。中间部分运用各种论证方法论证论点。结尾，照应画面内容进行总结，强调中心论点。

模板格式说明

① 题目标明论点。
② 叙述漫画的内容。语言要简洁概括。
③ 提出自己的论点。
④ 列举一个或几个历史事实论证论点。
⑤ 还可以用引证法。
⑥ 回到画面内容，结合画中内容论证。
⑦ 从反面论证。
⑧ 联系现实。
⑨ 结论。重新强调论点。

练习

一　照猫画虎

根据本课所学知识，将下列短文补充完整。

__________，画的是一个跋涉在群山之间的旅行者正倾倒出他鞋子中的沙子，旁白是："使你疲倦的往往不是远方的高山，而是鞋子里的一粒沙子。"

__________，它揭示了一种真实：将人击垮的，常常并非巨大的挑战，而是琐碎事件构成的倦怠。

不少人都有这样的体验：当一个人面对巨大的灾难挑战时，他可能涌起抗争的欲望，产生挣脱的力量。________他失败了，也会有一种悲剧性的力量。

___________，如果困扰人的只是一些非常琐细的事情，比如牙疼、噪音、夫妻吵架、同事矛盾等,那会怎样呢?你没有办法把它们当对手,__________它们太微不足道,但你也无法摆脱它们,也因为它们实在太微不足道。在这种过程中,你得不到任何补偿,只会不断地无休止地被耗费,直到变得疲倦懈怠。最后,人常常不是因为失败而放弃,________因为疲倦而放弃。

在我________,最糟糕的境遇不是________,不是厄运,________精神处于一种无知无觉的疲惫状态,感动过你的一切不再感动你,________你的一切不再吸引你,激怒过你的一切也不再________你,即便是饥饿感和仇恨感,________是一种能让人强烈感到自己存在的东西,________那种疲惫却会让人止不住地滑向虚无。

那么,在生活中寻找激情,就成为一种重要的自救方式。

被称为工作狂的日本人,在如何做到每天满怀热情地投入平凡的工作的问题上,有一种相当不错的手段:每天上班前,对着镜子很自信地挺胸对自己微笑,然后大喊五声:"我是最好的。"据说,这样振作一下,每天开始的感觉的确不大相同了。

生活、事业、人的一切都需要激情,就像一阵风,吹落倦怠的尘土,露出它们内部的光。

二 病例诊断

谈成功

说到成功,人们有一个错误概念:成功只等于成名。有人认为,只有扭转乾坤的壮举,就算是成功的举动;有人认为,只要领袖、名人,称得上"家"的人,才算是成功者;有人则干脆断言,世界上没有一个成功者,因为人生最终的结局是悲剧——后人肯定会超越前人。这实在是一种可怕的自卑。

其实,我们都是成功者,因此成功只是一种感受,一种自我意识的主观感受。如果我们把自己的每一点进步,哪怕只是微小的进步,都看作是一次成功,都认认真真地品味一番,那么,幸福和快乐就会常伴于我们身边,我们的人生也就会因此而变得格外的丰富和生动。不是吗?作为一名学生,他考试及格了,成绩提高了,这是成功,应该感到高兴;作为一个农民,他播下的种子发芽了,庄稼收割了,这也是成功,也应该感到高兴;在更多的时候,成功无须旁人认可,更不需要别人来裁判;我们也不要把成功的刻度划得太高,不要把成功看得过于神圣。

然而人的一生,不可能永远一帆风顺,不可避免要遭受这样那样的挫折和失败,每经过一次失败,对事物的认识就深了一步,自己的意志就增强了不少,这种种经历和感受,是另一种意义上的成功吗?也应该感到快乐吗?否则,我们才会对人生失去一份应有的信心,面对困难,我们才会望而却步。

三 写作训练

根据下面漫画写一篇议论性文章。

参考例文：

多好的草地也有瘦马

曾经有这样一幅漫画：碧草如茵的原野上，远处一匹匹膘肥体健的骏马正悠闲自得地吃着草。然而就在近处，一匹瘦骨嶙峋横卧在地面上的马打破了这美好的画面。我不觉一惊：多好的草地也会有瘦马。看来，要有所作为，光有优越的条件是不够的，更重要的还须自己努力。当然，我承认有优越的条件确实很好，但它还必须加上自己努力才会有意义。古今中外。贫困潦倒或有先天缺陷者，凭借努力而成名成家之人，比比皆是。

古希腊的德摩斯梯尼，小时候口吃，但他苦加练习，终于成为著名的演说家。法国作家大仲马出身微贱，但他毫不在乎，在贫苦中坚持写作，终成为文坛巨子。我国古代一个叫陈正之的人，天生反应迟钝，但他付出了常人无法想像的努力，终成博学之士。我国数学家陈景润在极其艰难的条件下，通宵达旦忘我地研究，终摘数学桂冠。够了，够了，不必再例举了——我无非是想通过这些例子说明，一个人若要有所成就，努力奋斗是必不可少的。

也许有人会认为努力无关紧要，重要的是拥有天时地利，仔细解析一下，便会发现其中的漏洞。

其一，外界条件过于优越，人不一定就会成才，相反，也许倒会沉醉于纸醉金迷之中。譬如，十六七世纪的欧洲，贵族们奢侈成风，这难道不是不会正确利用优越条件的典型吗?

其二,先天的条件优越,但后天不努力,同样会碌碌无为。宋代方仲永天资聪慧,但不知后天加以努力,最终落得个"泯然众人矣"。另外,爱迪生所说的"成功就是百分之一的天才加百分之九十九的努力"不也证实了这一点吗?

如果你的条件优越,那么好好利用它吧!如果你的条件太一般,那么就用努力来弥补它吧!否则,无论处于什么样的草地,你都将是匹瘦马。

第十五课 读后感
Book Report

Basic principles and aims
要点提示

1. 写作要点：读后感的写法。
2. 语言要点：议论性文章常用的修辞手法。

例文一

浅谈曹操的成功之道
——读《三国演义》有感

也不知道看了几遍《三国演义》了，也许是受了舞台上白脸曹操的影响吧。现在还依稀记得第一次读对曹操的感觉是：这人不是什么好人，是个大奸臣。不过读了几遍后，越来越喜欢曹操这个人了。①

在整部《三国演义》中，一直贯穿着尊刘贬曹的思想，但即便如此，曹操的政治才能，军事才能也没有被抹杀，曹操在

写法注释

① 点名要写的内容。

几年的征战中，占领了长江以北的大片领土，连少数民族都臣服于他，他是东汉末年群雄中最有才干的。魏国在三国中也是最强盛的，正是曹操给魏国奠定了很好的基础，晋国才能统一天下，所以曹操是一位真正的英雄，是《三国演义》中第一主人公。那么曹操为什么会成功呢？②

② 介绍“读”的内容，提出自己的观点。

首先是对人才的渴求，这是曹操最令人欣赏的地方。他总结历史经验，认为开国之君和中兴之主靠的都是得到贤才和他共同来治理国家。基于此，他分别于公元210年，公元214年和公元217年连下三道《求贤令》，在令中，反复强调用人“唯才是举”的方针，打破了依据门第高低来任用官吏的标准，于是大量人才投入曹操门下。曹操的阵营下形成猛将如云，谋臣如雨的盛况。

其次，曹操的成功还在于他有豁达的胸襟和广阔的胸怀。在用人上，对有才干的人曹操还能做到不计前嫌，比如③陈琳本来是袁绍的部下，曾经替袁绍起草檄文，骂了曹操的祖宗三代。袁绍失败后，陈琳归降曹操。曹操问他说，你从前为袁绍写檄之，骂我一个人就可以了，为什么要骂到我的祖宗三代。陈琳连忙谢罪。曹操爱惜他的文才，不仅对他不处罪，还照样任用他。如果换作是吕布，我想陈琳早就被大卸八块了。④在面对

③ 写议论性文章常用的修辞方法有：举例子、引用、对比、解释、排比、列数字等。这一句是举例子。

④ 对比。拿曹操跟吕布对比，突出曹操的豁达。

困难时也是如此。比如曹操在赤壁惨败后，他只笑着说了一句“今北方仍由我所据。”这种情况如果换做是楚霸王项羽，早就自刎了。⑤

⑤ 对比的方法。拿曹操跟项羽对比，突出曹操的豁达。

第三，曹操的谋略出众。《三国演义》第三十四回，赤壁之战中，袁绍的谋士许攸夜见曹操，攸曰：“公今军粮尚有几何？”操曰：“可支一年。”攸笑曰：“恐未必。”操曰：“有半年耳。”最后还是许攸道破军机：“休瞒我，粮已尽矣！”还有借粮官之头稳定军心，这些也许在有些人看来是曹操奸诈残忍的表现，但是如果没有这些谋略，我想曹操已经被其他割据势力所灭，就不会有魏、蜀、吴三国鼎立了。⑥

⑥ 分三方面分析论证。用“首先，其次，第三”。从修辞的角度，这是排比的方法。

所以，曹操在《三国演义》中是位真正的英雄，他靠着这些素质，在东汉末年群雄割据中才能胜出，成就魏国的基础。⑦

⑦ 结论。重申论点。

例文二

《致加西亚的信》读后感

写法注释

① 简要介绍读的内容。

读罢《致加西亚的信》一书，我的心情久久不能平静。一位军人接受任务，义无反顾地去实现他的目标，最后获得了成功。①这个故事，千百年来激励着千千万万向往成功的人士。企业家读罢此书可能会以此来激励他的下属，鞭策自己，最后使企业获得成功，员工个人获得发展；

政治家读罢此书可能会从中找到人生的真谛，带领他的追逐者步上成功的阶梯。我呢？我能从此书中获得什么启示呢？我还能像以前一样对待我的工作吗？东莞改革开放的建设热潮造就了无数的成功者，为何我自己却总也无法与成功沾边呢？②

看了这本书，我终于明白了人类社会最基本的行为法则，那就是：③只有投入才有回报，只有忠诚才有信任，只有主动才能有创新。④这简单的自然法则为何我总也领悟不到呢？如果我能不斤斤计较，而以公司为重，与同事紧密配合，忠诚、敬业、主动，那么我想我也有机会得到器重，在公司获得个人发展的空间，使自己踏上成功之路。同时我真诚地感谢本书的作者阿尔伯特·哈伯德向世人揭示了成功的真理，更要感谢推荐我看这本书的领导，使我能够及时醒悟，发现自己的不足，清除成功路上的障碍。以后我要加倍努力地学习和工作，使自己成为一个可以把信送给加西亚的人。

② 联系实际，联系自我，写自己的感想，受到的启发。

③ 解释的修辞方法。

④ 排比的修辞方法。

生 词

尊刘贬曹	zūn Liú biǎn Cáo
臣服	chénfú
开国之君	kāiguó zhī jūn
中兴之主	zhōngxīng zhī zhǔ
唯才是举	wéi cái shì jǔ
门第	méndì
豁达	huòdá
胸襟	xiōngjīn
不计前嫌	bú jì qián xián
檄文	xíwén
祖宗	zǔzōng
大卸八块	dà xiè bā kuài
自刎	zìwěn
赤壁之战	Chìbì zhī zhàn
道破	dàopò
军机	jūnjī
鞭策	biāncè
真谛	zhēndì
器重	qìzhòng

例文结构模板

读《□□□□》有感

□□□

读了《□□□□》,我印象最深的是□□□□□。□□□□□□□□。①□□□□□□□。□□□□。□□□□□□□□□□□□□。□□□□□□□□□□□□□。②

我们□□□□□，□□□□□□□□□□□□，□□□□□□□□□□□□□。③

□□□，□□□□□□□□□□□□□□□□□□□□。④

读后感的模式

读后感是议论性文章的一种。读了一本书或一篇文章，把自己的体会和感想写下来，就是读后感。写读后感要写两方面的内容，一是读的内容，这一部分要简要概括。二是自己的感想，这是文章的主体，要重点写，有明确的主题，还要用各种方法论证自己的观点。

一本书或一篇文章内容很多，信息量很大，写读后感时不能面面俱到，要写给自己感受最强烈的部分。

模板格式说明

① 点明要写的内容。

② 简要介绍“读”的相关内容。

③ 联系实际，展开分析。

④ 结尾。

练习

一 照猫画虎

从你读过的汉语文章中，选一篇写读后感，使用四种以上的修辞方法。

图书在版编目(CIP)数据

实用汉语写作进阶:高级:汉英对照 / 华文盛世编辑组编
北京:外文出版社, 2010.12

ISBN 978-7-119-06861-9

Ⅰ.①实… Ⅱ.①华… Ⅲ.①汉语-写作-对外汉语教学-
教材 Ⅳ.①H195.4

中国版本图书馆 CIP 数据核字(2010)第 258628 号

责任编辑: 曲 径
装帧设计: 王志刚
印刷监制: 刘 刚

实用汉语写作进阶(高级)
作 者 华文盛世 编

出版发行 外文出版社有限责任公司
地 址 中国北京西城区百万庄大街 24 号 **邮政编码** 100037
网 址 http://www.flp.com.cn **电子邮箱** flp@cipg.org.cn
电 话 008610-68320579(总编室) 008610-68327750(版权部)
008610-68995852(发行部) 008610-68996075(编辑部)
印 刷 北京海纳百川旭彩印务有限公司
经 销 新华书店 / 外文书店
开 本 787mm×1092mm 1/16 **印张:** 9.75
版 次 2011 年 9 月第 1 版 第 1 次印刷
书 号 ISBN 978-7-119-06861-9
定 价 58.00 元

PRACTICAL CHINESE WRITING 实用汉语写作进阶

高级 SENIOR

In order to adapt to the new characteristics of teaching writing in Chinese as a foreign language, this textbook focuses on the readability, simplicity, adaptability and other characteristics of teaching to achieve its aim of improving the Chinese writing ability of all students.

Every text in this book has been divided into four sections: Basic principles and aims, Example guide, Structure templates and Exercises. The whole book has a clear and unified structure, which is simple to teach, and easy to learn.

由知名汉语教学专家编写，涵盖了汉语写作中的常用句型
Compiled by Chinese teaching experts, covering all of the frequently-used practical sentence structures.

从字词句，层层深入，循序渐进
Start from characters to sentences step by step.

以大量优秀例文为基础，并配以实用的结构模板
Based on lots of excellent samples combined with practical structure templates.

适用于热爱汉语，爱好汉语写作的人士
Applied for Chinese-lovers, especially for those inclined to Chinese writing.

CIPG China International Publishing Group
中国国际出版集团
外文出版社
FOREIGN LANGUAGES PRESS
Cinowo connect the world
北京华文盛世教育发展有限公司
BEIJING HUAWENSHENGSHI EDUCATION DEVELOPMENT CO.,LTD.

ISBN 978-7-119-06861-9

定价： 58.00 元